Joanot Martorell

TIRANT LO BLANC

Joanot Martorell

TIRANT LO BLANC

Episodis amorosos

Introducció, selecció de
capítols, notes i proposta
didàctica de Gemma Coca

laGalera

Primera edició: juny del 2012
Setzena impressió: agost del 2025

© Introducció, notes i proposta didàctica: Gemma Coca, 2012
© D'aquesta edició: La Galera
Carrer Perú, 186
08020 - Barcelona
lagaleraeditorial.com

Col·lecció dirigida per Joan Estruch Tobella
Edició: David Sánchez Vaqué
Direcció editorial: Pema Maymó
Disseny gràfic de la col·lecció: Endoradisseny
Maquetació: Fotocomposició Marquès

Impressió: QPprint
ISBN: 978-84-246-4135-1
Dipòsit Legal: B-9.920-2012

Tots els drets reservats als titulars del copyright.

Introducció

1. L'autor i el seu context

Joanot Martorell va néixer probablement a València entre el 1405 i el 1410, en el si d'una família de la mitjana noblesa que havia tingut molt de prestigi. Era un cavaller en el sentit més ampli de la paraula: molt bel·licós, destre en l'exercici de les armes i amb la desimboltura necessària per moure's en els ambients cortesans, característiques que van marcar tant la seva vida com la seva obra.

La família Martorell és paradigmàtica d'allò que esdevé a molts nobles del segle xv: l'edat mitjana declina i apareix una nova classe social, la burgesia, amb uns ideals i una manera de veure el món ben diferents i, en certa manera, aquests nobles senten que el seu món agonitza i s'hi resisteixen. Els Martorell, doncs, van anar perdent progressivament el seu prestigi sobretot a partir de la mort del pare, Francesc Martorell, el 1435, que va deixar els seus vuit fills en una situació econòmica prou delicada. Joanot, tot i ser el segon fill, va esdevenir el cap de família i, decidit a posar remei a la seva angoixosa situació econòmica, va emprendre tot un seguit d'accions. Però ni els viatges a Anglaterra (1438-1439), Nàpols (mitjançant el qual intentava recuperar el favor d'Alfons el Magnànim) i Portugal (1444) ni els diversos fets d'armes en què va prendre part van aconseguir redreçar les finances familiars. Joanot Martorell –i en aquest aspecte també és ben bé un cavaller del seu temps– es va resistir a admetre aquest declivi de l'única manera que ho sabia fer: amb els duels d'honor. Segons Jean Flori, els duels d'honor es van generalitzar cap al final de l'edat mitjana i es van convertir en el procediment més natural per tal de solucionar querelles privades: l'enfrontament armat.

Així doncs, l'any 1437 Martorell va encetar dos conflictes: un amb el poeta Ausiàs March i l'altre amb el seu cosí Joan de Montpalau. Els motius del conflicte amb Ausiàs March són senzills: aquest s'havia de casar amb Isabel Martorell i temia que la família Martorell no li pagués el dot. De fet, el casament es va endarrerir dos anys per aquest motiu.

L'afer amb Joan de Montpalau tenia a veure amb l'altra germana de l'escriptor, Damiata: Joan de Montpalau havia celebrat matrimoni secret amb Damiata, és a dir, que havien mantingut relacions carnals abans de casar-se. Però aquestes bodes sordes, que també es denominaven així, no van tenir el mateix final feliç que les que se celebren a la novel·la, ja que Montpalau va incomplir la seva promesa de matrimoni. Joanot Martorell va intentar defensar Damiata. Tanmateix, l'honor de la donzella en va resultar greument perjudicat, ja que l'afer va generar moltes lletres de batalla (cartes en què es reptava algú a combatre) que sovint es van fixar en llocs públics i que contenien detalls molt íntims de la relació que havien mantingut: Montpalau, de fet, només va desmentir que li hagués promès matrimoni. A causa d'aquest conflicte, Martorell va viatjar fins a Londres, a la cort d'Enric VI de Lancaster, amb la finalitat de trobar un jutge per al combat que havia de decidir sobre l'honor de Damiata. El mateix Enric VI va acceptar de fer de jutge, però Joan de Montpalau no s'hi va presentar i va ser condemnat a indemnitzar econòmicament la noia.

Tot i que la resolució de l'afer no va ser gens satisfactòria per a la pobra Damiata, la visita de Joanot Martorell a la cort anglesa va influir, i molt, en la seva novel·la. Durant la seva estada, que es va allargar almenys un any, va visitar la biblioteca del monarca anglès i se suposa que devia tenir accés a una versió prosificada d'un poema anglonormand del segle XIII, el *Guy de Warwick*. Aquest poema juntament amb el *Llibre de l'orde de cavalleria* de Ramon Llull constitueixen la base dels primers trenta-nou capítols del *Tirant lo Blanc*. També devia conèixer l'existència de l'orde de

Garter o de la Jarretière, l'orde de cavalleria vigent més antic del món, i va decidir fer una recreació literària de la seva fundació en el capítol LXXXV de la novel·la, que tanca les aventures de l'heroi a Anglaterra.

Un altre conflicte que també va deixar rastre en la novel·la és el que va mantenir amb Gonçalbo d'Híjar, comanador de Muntalbà, per la possessió d'unes terres que els Martorell li havien venut i que, segons l'escriptor, el comanador no havia acabat de pagar. Aquest conflicte va generar deseiximents (cartells que anunciaven el trencament de la pau i l'inici d'hostilitats entre dues famílies) i lletres de batalla, però no va acabar en cap duel d'honor perquè Gonçalbo d'Híjar va preferir solucionar-lo d'una manera més moderna: als tribunals. Martorell se'n va venjar fent que dos personatges de la seva novel·la duguessin el seu nom: el primer és Kirieleison de Muntalbà, un gegant ridícul que diu molt i fa molt poc, i el segon és Tomàs de Muntalbà, un cavaller que prefereix la deshonra de la rendició abans que la mort.

Finalment, cap al 1449, un Martorell ja completament arruïnat es va veure embolicat en un episodi de pillatge a Xiva, a causa del qual fou empresonat.

L'any 1464, Martorell va vendre per 150 sous el manuscrit de la novel·la *Tirant lo Blanc* al seu veí Martí Joan de Galba, que ja li havia prestat diners altres vegades.

El 1465, Joanot Martorell va morir solter i sense descendència, probablement a València. La seva novel·la no es va publicar fins el 1490.

El nostre autor va viure durant els regnats de tres reis: els darrers anys de Martí I l'Humà, Ferran d'Antequera i, sobretot, Alfons el Magnànim, al llarg del regnat del qual es va impulsar l'expansió per la Mediterrània. Són uns anys en què se succeeixen epidèmies de la temuda pesta negra, combinades amb guerres i conflictes, com per exemple el dels remences, cosa que sumeix el regne en una crisi econòmica i demogràfica profundes. A més, Alfons el Magnànim, que és un rei amant de la literatura i un bon mecenes, decideix establir la seva cort a Nàpols. Amb tot, aquesta crisi sembla que no afecta tant València, una ciutat rica i pròspera que esdevindrà el centre de la literatura catalana al llarg del segle XV. Només cal repassar el panorama literari d'aquest segle per adonar-se que són valencians Jordi de Sant Jordi, Ausiàs March, Jaume Roig, Joan Roís de Corella i, evidentment, Joanot Martorell.

2. La novel·la cavalleresca

2.1. Els orígens

Els orígens de la literatura de temàtica cavalleresca els hem de buscar en els poemes èpics que narraven les gestes dels grans herois medievals, llegendaris o no. En un principi es transmetien oralment, però a partir del segle XI comencen a aparèixer tot un seguit d'escriptors, la majoria anònims, que escriuen totes aquestes històries. Escriuen en francès, en occità, en castellà o en italià (sembla que també en català, però només ens n'han arribat testimonis indirectes a través de les *Cròniques*).

Les heroïcitats d'aquests cavallers es conserven en les cançons de gesta, les grans epopeies medievals del segle XI, escrites en vers i amb acompanyament musical. Narren fets llegendaris, que sovint tenen una base real, sobre les batalles que Carlemany i els seus successors van lliurar contra els sarraïns. Algunes de les cançons de gesta més famoses són la *Chanson de Roldan* o el *Cantar de Mio Cid*.

Les narracions de Chrétien de Troyes, poeta francès del segle XII, prenen com a base els manuscrits de les cançons de gesta. Ens parlen de les gestes llegendàries del rei Artús, Lancelot, Perceval, Ivain, de la recerca del Sant Graal, de la Taula Rodona..., allò que es coneix com la matèria de Bretanya. Les seves obres tenen unes trames riques, són plenes d'elements fantàstics i meravellosos i els seus personatges revelen una psicologia complexa. És per això que se'l considera un dels creadors de la novel·la medieval.

INTRODUCCIÓ

Finalment, trobem els *Lais* de Maria de França, poetessa d'origen francès que va viure a Anglaterra al final del segle XII. Són dotze poemes narratius relativament breus que reelaboren literàriament tot un seguit de relats populars que l'autora havia sentit, amb l'objectiu d'evitar que s'oblidin i es perdin. Ens explica sobretot històries d'amor cortesà, però alguns lais també parlen d'homes llop o de temes que s'inscriuen en la tradició artúrica.

Tots aquests autors tenen una gran influència i molta difusió: són escoltats, llegits, copiats, traduïts i imitats. I tots comparteixen aquest univers mental i cultural de la ideologia cavalleresca: els seus herois són cavallers que lluiten en batalles i tornejos, viuen en castells, fan festes fastuoses i defensen l'ideal cavalleresc. El públic els adora.

Atès que la majoria de cronistes medievals provenien de famílies cavalleresques, és natural pensar que van engrandir les actuacions dels cavallers a l'hora de narrar-les. I, de fet, alguns estudiosos, com Flori, pensen que sovint es va sobrevalorar la preponderància de la cavalleria en les batalles. Ara bé, el mateix autor remarca que no hi ha cap gran batalla que no es guanyi sense la intervenció de la cavalleria: la cavalleria impressiona, transmet confiança, desorganitza l'enemic i, sobretot, gaudeix d'un gran prestigi.

Una bona part d'aquest prestigi prové dels sacrificis que suposava la vida cavalleresca. La cavalleria era, en el fons, una professió d'elit que requeria una molt bona condició física i un entrenament regular, ja que un arnès de cavaller pesava de 25 a 30 quilos, als quals calia afegir el pes de les armes: llança (18 kg), espasa (1/2 kg), etc. I no oblidem que havien de lluitar cavalcant!

Els cavallers s'entrenaven individualment anant de cacera o practicant el maneig de la llança amb l'exercici de l'estaferm, un ninot de fusta amb escut i un fuet que havien de colpejar procurant esquivar el fuet. Però no cal dir que preferien participar en justes, tornejos, passos d'armes o taules rodones.

La justa era un combat individual entre dos cavallers en el qual s'usava principalment la llança. Sovint se celebraven en ple centre de la ciutat, en llices o camps closos. Moltes ciutats amb passat medieval conserven places amb aquesta forma allargada, com per exemple la plaça del Born de Barcelona.

La taula rodona era una variant de la justa. Es diferenciaven per la intervenció femenina, ja que les dones atorgaven el premi als vencedors, i per la forta influència de la literatura de temàtica artúrica en la seva posada en escena. Anaven acompanyades de grans festes, banquets i danses.

En el torneig, els cavallers lluitaven per equips i sembla que el terreny on es combatia era més extens: podia abastar tota la ciutat i, lògicament, al públic li costava més de seguir-ne el desenvolupament.

Els passos d'armes van proliferar al llarg del segle XV. Estaven inspirats en les novel·les artúriques, a imitació d'herois com Ivain i la resta de cavallers de la Taula Rodona. Segons Martí de Riquer, es tractava d'un espectacle deportivomilitar pel qual un cavaller, denominat mantenidor, se situava en un lloc i desafiava altres cavallers, els cavallers aventurers o de ventura, prohibint-los el pas. Els llocs que es defensaven eren passos estratègics com camins o ponts, però també podien ser castells de fusta amb lleons, tigres, unicorns o figures simbòliques. Els noms d'aquests passos sovint tenien connotacions literàries: Passo Honroso (1434), Pas de la Joyeuse Garde (1452), Pas du Pin aux Pommes d'Or (1455), Pas de la Dame Inconnue (1463) o Pas de la Dame Sauvage (1470). Tots tenien una durada prefixada, que podia estar determinada pel nombre de llances que s'havien de trencar durant els combats.

Justes, taules rodones, tornejos i passos d'armes servien d'entrenament, però també constituïen un espectacle festiu que congregava molt de públic; un mitjà per augmentar la glòria dels vencedors i aconseguir, així, l'amor d'una dama distingida; i també una manera de guanyar-se la vida en temps de pau, ja que el cavaller vencedor es quedava amb les armes, l'arnès i el cavall del cavaller vençut. I és que els cavallers formaven un cos heterogeni en el qual hi havia des de posseïdors de grans fortunes, fins a cavallers no instal·lats o sense fortuna que es llançaven als tornejos a la recerca de la glòria, la recompensa econòmica i la possibilitat d'ascendir en l'escala social mitjançant un matrimoni avantatjós. És el cas de Guillem el Mariscal, que va començar la seva carrera amb pocs béns i un arnès pobre i es va acabar casant, quan tenia cinquanta anys, amb una noia de disset anys que era una de les hereves més riques del regne. En el seu llit de mort, recordava que havia vençut més de cinc-cents cavallers, als quals havia pres armes i cavalls.

Ser cavaller, no ho oblidem, també comportava córrer grans perills: caure presoner i ser sotmès a tortures per tal que els parents paguessin un rescat; patir ferides greus i doloroses, fins i tot si es participava en un torneig; i, és clar, la mort. Però molts cavallers consideraven que la recompensa s'ho valia.

Al llarg dels segles XIV i XV, el panorama canvia radicalment. La participació en els tornejos requereix una posició social elevada per diverses raons: els arnesos cada vegada són més costosos i el cerimonial que els acompanya també. En canvi, els premis adquireixen un caire més honorífic i, en conseqüència, el botí que se n'obté disminueix. Un cas com el de Guillem el Mariscal esdevé impossible.

Canvia la societat i també canvien les armes: la cavalleria perd progressivament la seva funcionalitat. Paradoxalment, o potser per aquesta raó, augmenta la fastuositat que despleguen els cavallers. Riquer afirma que «[...] el segle XV és ple de cavallers de debò, que van pel món en cerca d'aventures i lluitant en les més pintoresques empreses, fent vots sorprenents i participant en justes, torneigs i passos d'armes [...], personatges de carn i ossos que a nosaltres ens semblen creacions de novel·listes». La influència entre literatura i vida cavalleresca és mútua.

2.2. *Tirant lo Blanc*, una novel·la cavalleresca

En l'apartat en què es parla dels orígens de la novel·la, s'han comentat breument tot un seguit d'obres que narraven fets heroics protagonitzats per cavallers. Totes tenen com a denominador comú la presència d'elements fantàstics i meravellosos i, sovint, la recreació d'un món inexistent com Camelot, la llegendària fortalesa d'Artús, o Avalon, l'illa misteriosa on Morgana va dipositar les despulles del mític rei.

Hi ha tot un corrent literari protagonitzat per cavallers que està influït per la tradició artúrica: Chrétien de Troyes n'és un exponent important, però les novel·les de cavalleries espanyoles no es queden pas enrere: *Amadís de Gaula* o el cicle dels *Palmerins* en són un bon exemple. Totes es caracteritzen per la seva inversemblança: presència d'elements meravellosos (dracs, beuratges màgics...), cavallers amb una força sobrehumana, bruixes i mags, regnes llunyans i temps remots. Són les denominades novel·les de cavalleries.

Però, paral·lelament, apareixen un seguit de novel·les que tenen un afany realista: sense elements fantàstics; amb herois singulars, però no pas amb una força desmesurada; situades en unes terres conegudes, i que s'esdevenen en un temps pròxim al lector. En aquesta línia es poden inscriure dues novel·les catalanes: *Curial e Güelfa* i, evidentment, *Tirant lo Blanc*. Per diferenciar-les de l'altre grup de novel·les, Martí de Riquer les va denominar novel·les cavalleresques.

3. Els components de *Tirant lo Blanc*

L'escriptor Mario Vargas Llosa no es va estar de manifestar la seva profunda admiració per *Tirant lo Blanc* i pel món multiforme que Joanot Martorell (re)crea en les seves pàgines. Afirma que la novel·la és difícil de definir i de classificar: cavalleresca, històrica, eròtica, militar, social, psicològica i, sobretot, molt divertida.

INTRODUCCIÓ

3.1. Novel·la cavalleresca

És cert que el punt de partida de la novel·la és el tema cavalleresc. A partir de la figura del seu protagonista, el narrador reflexiona sobre diversos temes que el fascinen i, segurament, també el preocupen: la funció de la cavalleria en una societat que està canviant profundament o la reivindicació de l'ètica cavalleresca davant dels nous valors morals. Com molts altres cavallers de la seva època, Martorell idealitza els cavallers dels primers temps, dels temps heroics. I ho fa a través de la figura de Tirant. El lector camina al seu costat des de la seva etapa de formació com a cavaller, quan Guillem de Varoic li ensenya justament tota aquesta base ètica que ha de posseir un bon cavaller. A través del seu comportament en diverses situacions, veurem en què consisteix l'ètica cavalleresca: el coratge del cavaller en les justes i en les batalles, el perdó de la vida, un sentit exacerbat de l'honor, el temor a la covardia, el respecte a la paraula donada, la solidaritat entre cavallers, el tracte que s'ha de donar als presoners, el saqueig del camp dels vençuts, el repartiment del botí i la generositat com a via d'adquisició de prestigi.

A part de l'ètica, però, Martorell té un gran interès a explicar-nos detalladament les manifestacions més externes de la cavalleria. Les justes i el terrible combat a ultrança que celebra durant la seva estada a Anglaterra ens presenten la cara amarga de la cavalleria. En canvi, les grans festes que organitza l'emperador després de la victòria contra les tropes sarraïnes i el luxe, l'ostentació i la fastuositat que despleguen els cavallers denoten el gust de l'autor per aquest tipus de manifestacions.

Ara bé, tant si ens parla dels ideals cavallerescos, com si ens relata els aspectes més mundans, la seva reivindicació no és gens nostàlgica, perquè l'autor està convençut de la vigència de la cavalleria i pensa que ha de seguir sent una peça clau de la societat.

3.2. Novel·la militar i històrica

Que és una novel·la militar, ens ho demostra la relació detallada de tot un seguit de tècniques i tàctiques bèl·liques. Guillem de Varoic ens parla de com usar el foc grec per tal de sembrar el caos i la confusió en el camp enemic. Amb Tirant aprenem a trencar setges, a organitzar els cavallers de manera que puguin carregar contra l'enemic i fer-lo batre en retirada o a triar els homes més preparats per a la batalla. El mariner Galançó ensenya tàctiques de guerra psicològica a Tirant per tal de guanyar una batalla naval. Tirant adquireix tots aquests coneixements bèl·lics a mesura que la seva carrera militar va progressant: cavaller, capità d'exèrcits i Cèsar de l'Imperi.

A més, Tirant té una altra característica que el fa singular i excepcional: sap escoltar i aprofitar els coneixements dels seus homes.

Pel que fa a la història, Martorell critica sovint la passivitat dels diversos monarques davant de fets greus que estaven succeint, com el setge de Rodes (1444) o la caiguda de Constantinoble (1453) en mans dels turcs. En aquest aspecte, Tirant encarna el somni de tota la cristiandat: alliberar Constantinoble de mans dels turcs. L'heroi, en la ficció literària, ho aconsegueix.

També hi podem entreveure la política d'aliances dels monarques de la corona catalanoaragonesa, que es reflecteix en la crítica i en la caracterització despietada que fa dels genovesos.

3.3. Novel·la de costums

La vida a la cort està descrita minuciosament. Els personatges cortesans es presenten en societat amb uns vestits rics, plens de brodadures, pells i ornaments ostentosos. Les festes sovintegen. Sembla que qualsevol moment i qualsevol lloc són bons per dansar o organitzar un bon àpat. Els comensals, això sí, estan situats jeràrquicament. Aparentment, l'emperador i l'emperadriu reparteixen el dia entre les visites que es fan entre si, la missa diària, les oracions i les festes. De les nits... ja en parlarem.

La posada en escena encara és més pomposa quan els cavallers assisteixen a un torneig, de manera que no és pas estrany que es converteixi en un espectacle festiu i que congregui tant de públic que s'hagin d'habilitar miradors. Les festes que s'organitzen amb motiu d'un torneig són sumptuoses i les riqueses es mostren sense pudor. Martorell no es cansa mai de descriure aquesta ostentació de magnificència.

Les dames juguen, es disfressen, es banyen i es perfumen... i fan uns ressopons que Déu n'hi do! La vida és comunitària, fins i tot la més íntima.

Però també ens presenta l'altra cara de la vida a la cort, la de la falsa moral, les baixes passions, la gelosia o la traïció.

Hi podem entreveure, a més, la duresa de la vida dels esclaus, dels criats o dels soldats.

3.4. Novel·la amorosa i eròtica

El component amorós i eròtic és essencial en la novel·la i un dels elements que la fan original. Amor i cavalleria van units íntimament, de manera que l'amor esdevé el motor de la cavalleria: no hi ha cap fet d'armes que no es faci en honor a una dama.

Al llarg de la novel·la es dóna notícia de diverses pràctiques amoroses: lesbianisme, adulteri, incest, fetitxisme, *voyeurisme*, jocs sensuals i erògens... El tractament, però, mai no és cru ni vulgar, perquè l'autor se serveix de l'eufemisme, el joc de paraules i l'humor irònic per descriure'ns aquestes escenes.

Tot i que la novel·la desprèn molt de vitalisme i una gran despreocupació moral de l'autor, que mai no jutja els seus personatges, la descripció de les escenes íntimes pot sorprendre el lector actual. En les relacions sexuals entre els personatges, el cavaller sempre exerceix la força, mentre que la donzella es defensa de l'atac. El símil del llit com a camp de batalla no és gratuït: tots els eufemismes que utilitza l'autor per referir-se a la unió carnal dels amants provenen del lèxic militar. Lola Badia remarca que aquesta «agressivitat implícita de la relació home-dona es manifesta clarament en un lloc comú narratiu força corrent a la baixa edat mitjana [...], segons el qual el desenllaç natural, i per tant feliç, d'una història d'amor és descrit com el desflorament d'una verge, ja que en la majoria de casos les protagonistes femenines són noies en edat de merèixer».

Martorell s'interessa profundament per la passió amorosa i reflexiona sobre els mecanismes amorosos que mouen el món presentant-nos diferents maneres d'estimar. Evidentment, la relació més important és la que s'estableix entre Tirant i Carmesina. L'enamorament és sobtat, intens i dolorós, com ho són totes les primeres experiències amoroses. Aquest enamorament constitueix un punt d'inflexió en la novel·la perquè provoca un canvi radical en el seu protagonista: quan s'enamora, Tirant aconsegueix una dimensió humana i veiem que és capaç d'equivocar-se, de plorar per amor o de caure del cavall. Ens adonem, en definitiva, que els herois no són immunes a l'amor i als seus efectes devastadors.

Però Tirant no és l'únic que experimenta els efectes de «la passió que a molts enganya», sinó que joves i vells van caient en el que l'escriptor qualifica de «parany de l'amor». Naturalment, no tots els personatges viuen l'amor de la mateixa manera. Plaerdemavida, per exemple, no és corresposta per Hipòlit i s'ha d'acontentar fent d'alcavota i participant, directament o com a espectadora, en els jocs eròtics dels altres. Diafebus i Estefania no són gens respectuosos amb les normes socials i mantenen relacions carnals abans de casar-se. L'emperadriu, que té una predilecció evident pels cavallers joves, no es pot estar de cometre adulteri amb Hipòlit i d'aprofitar-se'n tant com pot. L'amor per interès tampoc no és absent de la novel·la, tant en versió masculina com femenina: Hipòlit treu un profit evident dels seus amors amb l'emperadriu i la dama de l'illa de Rodes (que apareix en uns capítols que no formen part d'aquesta antologia) s'ofereix a canvi de diners. Finalment, aquesta passió amorosa, si no se sap controlar, de vegades pot ser destructiva, com la que sent la Viuda Reposada per Tirant.

Potser és aquest retaule humà allò que fa més singular la novel·la: ja no som davant d'herois inabastables, sinó que ens trobem amb persones que, tot i la distància temporal, pateixen i ploren i somien com nosaltres; canvien les formes externes, però seguim estimant de la mateixa manera que s'ha estimat sempre.

3.5. Novel·la psicològica

Ja s'ha apuntat en l'apartat anterior: la presentació que se'ns fa dels personatges no és arquetípica, ja que la majoria van evolucionant a mesura que es desenvolupa la novel·la. En aquest sentit, potser el personatge que evoluciona menys és Carmesina, una noia de catorze anys que sembla que només es preocupa per preservar la seva virginitat.

A l'altre extrem, trobem Tirant. Tirant és un bon cortesà: sempre sap què ha de fer, com s'ha de comportar i què ha de dir. A més, és un cavaller exemplar, valent, coratjós i que té un coneixement profund de l'ètica cavalleresca. Abans d'arribar a Constantinoble, és un personatge una mica misogin, que es burla dels que s'enamoren. Però quan Tirant s'enfronta a la batalla amorosa es converteix en tota una altra persona: «en beneit», diu Plaerdemavida. En la intimitat, Tirant és un noi tímid i vacil·lant, que dubta constantment i que se sotmet tant a Carmesina que fins i tot provoca l'exasperació de Plaerdemavida.

L'amor també fa canviar l'estricta Viuda Reposada. La dida de moral inflexible, que renya Carmesina perquè s'ha il·lusionat amb la declaració de Tirant, acaba sent víctima d'una passió tan intensa que, fins i tot, fa que traeixi la princesa, a la qual ha criat des que va néixer. La Viuda Reposada es converteix en un personatge irreflexiu, incapaç de controlar una passió que la devora, i els seus actes tenen conseqüències terribles per als dos enamorats, per al negre Lauseta i per a si mateixa.

En altres casos, l'autor ens deixa veure la doble moral que regeix la vida d'alguns personatges. L'emperadriu se'ns presenta en públic com una dona devota i religiosa que sempre va amb el llibre d'oracions a la mà. En la intimitat, en canvi, la devoció es transforma en el cinisme més descarnat. És un personatge libidinós que té una predilecció tan gran pels cavallers joves que fins i tot intenta aconseguir Tirant. Carmesina ho té ben clar: «el foc d'amor» crema «aquella vella de ma mare» i explica a Tirant que l'emperadriu creu que, si l'hagués conegut de jove, «ella hauria estat digna d'aconseguir el vostre amor» (capítol CLXVII). En definitiva, una representant prototípica de l'amor viciós que ens descriurà Estefania en el capítol CXXVII.

Hipòlit, per altra banda, també és un personatge ambivalent. Tan aviat el trobem protagonitzant actes d'un heroisme i una generositat excepcionals (com descavalcar i cedir el seu cavall a Tirant enmig de la batalla del riu Transimeno), com amagant-se sota els llençols i somicant quan creu que l'emperador l'ha enxampat al llit de la seva esposa o acceptant que l'emperadriu li doni joies i diners. En el terreny amorós, potser qui el descriu més encertadament és Plaerdemavida quan afirma que «ell és un bon tirador, que no apunta a les cames, sinó al cap» (capítol CCXIV).

No podem acabar la revisió dels personatges de la novel·la sense fer esment d'un dels personatges més complexos i originals de l'obra: Plaerdemavida. La donzella, que s'introdueix en la història per una casualitat, acaba convertida en una alcavota atípica, ja que és una noia molt jove. El seu discurs fresc i festiu, el seu llenguatge col·loquial i la seva desimboltura a l'hora de narrar les escenes eròtiques no deixen indiferent ningú. Fins i tot desperten l'interès del vell emperador, que, com la seva esposa, sembla «penedir-se d'haver viscut virtuosament, i desitjar viure viciosament en els darrers dies de la seva vida» (capítol CLXVII). Per això, diu a Plaerdemavida que si l'emperadriu mor es casarà amb ella. Mentrestant, li proposa que es facin petons. La donzella ho té clar: si li ho permetés, l'emperador li alçaria «la camisa», tot i que, com que ja és vell, només sap donar «esplanissades» (capítol CCXX).

4. Llengua i estil

Pel que fa a la llengua, en la novel·la conviuen dos models lingüístics ben diferenciats i que es poden apreciar fàcilment en llegir la novel·la. El primer model, denominat «valenciana prosa», és un estil medieval de redacció que estava molt de moda al segle XV i que es caracteritza per l'ús d'estructures sintàctiques complexes, abundor de perífrasis verbals, anteposició de l'adjectiu al verb i, en general, un discurs molt barroc i ornamentat. Martorell l'utilitza en alguns dels parlaments dels personatges nobles de la novel·la, en les lletres de batalla, en converses cortesanes, etc. El segon model lingüístic és un estil més planer i directe, amb frases fetes i paraules amb doble sentit, que sovint caracteritza els personatges més plebeus. Ara bé, també podem trobar en un mateix capítol dos personatges que conversen en registres diferents i, encara, personatges que parlen en un registre lingüístic que no s'adiu gens amb el seu estat o amb la situació en què es troba. Evidentment, no és casual, sinó que l'autor busca aquest contrast per donar un toc humorístic a la situació o, per exemple, per crear un efecte de distanciament.

També són característics els canvis de tractament en un mateix paràgraf, amb alternança de «vós» i de «tu»: ho fa Plaerdemavida (capítol CLXII), però també Carmesina: «–Qui us ha donat el dret d'entrar aquí? No és convenient ni t'és permès d'entrar a la meva cambra sense el meu permís» (capítol CLXXIX).

En l'apartat anterior, s'esmentava una altra característica de la novel·la: l'elegància de l'autor. Martorell és capaç de parlar de tot sense utilitzar ni un mot ofensiu; també és capaç de trencar una escena que té una càrrega de dramatisme massa gran. Ho aconsegueix a través de diversos recursos: l'humor, la ironia, l'adjectivació, els eufemismes i les frases fetes. Aquests recursos no es presenten separadament, sinó que es combinen entre si. Pel que fa a les frases fetes, els eufemismes i les expressions amb doble sentit, es concentren majoritàriament en els episodis de caràcter eròtic. L'autor en fa ús per no caure en la vulgaritat i aquests capítols estan farcits de lèxic i expressions procedents del vocabulari militar. Així doncs, expressions com «retre les armes» o «entrar al castell» adquireixen una dimensió significativa nova.

5. Estructura de la novel·la

La novel·la, tal com ens ha arribat, consta de 487 capítols encapçalats amb epígrafs que en resumeixen el contingut. Sembla segur que ni els uns ni els altres no són obra de Joanot Martorell. Per facilitar-ne la lectura, tradicionalment la novel·la s'ha dividit en quatre parts:

• **Tirant lo Blanc a Anglaterra.** Fins al capítol 97. Els primers 39 capítols narren la història de Guillem de Varoic. A partir del capítol 40, ens explica la formació de Tirant com a cavaller. El protagonista surt de Nantes i es dirigeix a Londres per participar en els fets d'armes que ha convocat el rei d'Anglaterra amb motiu del seu casament. Pel camí, s'adorm i va a parar a Varoic, on coincideix amb Guillem, el qual li fa de mestre i li llegeix uns quants capítols del *Llibre de l'orde de cavalleria* de Ramon Llull. A Londres, Tirant participa en molts fets d'armes. Acabades les festes, Tirant és proclamat el millor cavaller i se'n torna a Nantes.

• **Tirant lo Blanc a Sicília i Rodes.** Del capítol 98 al 114. Altra vegada a Nantes, el protagonista és rebut amb grans honors pel duc de Bretanya. Arriben dos cavallers que els expliquen el setge que pateix l'illa de Rodes. Tirant decideix socórrer Rodes i salpa amb una nau acompanyat de Felip, el cinquè fill del rei de França. Fan escala a Lisboa i, quan passen per l'estret de Gibraltar, són atacats pels moros. Es dirigeixen a Palerm. A la cort siciliana es narren els amors entre Felip i la infanta Ricomana, filla del rei de Sicília. Tirant, per la seva banda, aconsegueix alliberar l'illa de Rodes. Posteriorment visita Jafa, Beirut, Jerusalem i Alexandria. Durant aquest viatge rescata molts cristians que s'incorporen al seu exèrcit. Tornen a Palerm. Felip i Ricomana es casen. Organitza una expedició contra els moros i pren Tunis. Finalment, deci-

deix tornar: emprèn rumb a les costes de Berberia, arriba fins a Gibraltar, costeja Espanya fins a Marsella i desembarca a Nantes.
- **Tirant a l'Imperi grec.** Del capítol 115 al 296. Tirant ha tornat a Sicília i rep una lletra de l'emperador de Constantinoble en la qual sol·licita els seus serveis com a capità general per lluitar contra l'amenaça turca. En arribar a Constantinoble es troba amb la infanta Carmesina i se n'enamora: comença una llarga història d'amor. La Viuda Reposada, que s'ha enamorat de Tirant, ordeix una intriga per tal d'impedir l'amor entre l'heroi i Carmesina. Tirant, profundament desenganyat, s'embarca en una galera. Plaerdemavida va a veure Tirant per demostrar-li que tot ha estat un engany de la Viuda Reposada. En aquell moment, es desferma una tempesta: Tirant i Plaerdemavida acabaran naufragant.
- **Tirant al nord d'Àfrica.** Plaerdemavida va a parar a Rafal, mentre que Tirant es troba a Tremicèn, i acabarà participant en diverses batalles i afavorint la conversió al cristianisme de més de 44.000 moros. En una d'aquestes expedicions es retroba amb Plaerdemavida, la casa amb el senyor d'Agramunt i els fa reis de Fes i de Bugia. Rep una carta de l'emperador de Constantinoble en la qual explica la situació crítica en què es troba la ciutat: Tirant decideix tornar.
- **Tirant torna a l'Imperi grec.** Es dirigeix a Palerm i després cap a Troia. Constantinoble està del tot assetjada, però l'arribada de Tirant canvia la situació. La Viuda Reposada, en assabentar-se del retorn de Tirant, se suïcida. El Soldà i el Gran Turc proposen a Tirant una treva de tres mesos o una pau de cent anys. Tirant decideix consultar-ho amb l'emperador i es dirigeix a Constantinoble. Un cop al palau, Plaerdemavida facilita la trobada entre Tirant i Carmesina. Finalment, se signa la pau i l'emperador concedeix a Tirant la mà de Carmesina i, per tant, la successió a la corona i el títol de Cèsar de l'Imperi. Tirant reconquereix la resta de l'Imperi, però a prop d'Adrianòpolis es posa malalt sobtadament: fa testament en favor d'Hipòlit i mor camí de Constantinoble. El cos de Tirant és exposat a la basílica de Santa Sofia. Carmesina i l'emperador moriran de dolor. Els cossos de Tirant i

Carmesina són enterrats a Bretanya. Finalment, Hipòlit i l'emperadriu, que fa temps que mantenen una relació adúltera, acaben regnant a Constantinoble.

6. Criteris que s'han seguit per elaborar aquesta versió

Aquest llibre és una versió al català modern dels capítols fixats pel Departament d'Educació de la Generalitat de Catalunya com a lectura obligatòria per a la matèria de Llengua catalana i literatura de primer de batxillerat (promoció 2012).

Una versió representa sempre una intervenció en el text original per tal de fer-lo més entenedor, però, molt sovint, la línia que separa el traductor del traïdor és tènue.

Aquests són, esquemàticament, els criteris que s'han seguit per fer la versió:

a) S'ha regularitzat l'ortografia: tots els mots que apareixen en aquesta versió es troben en el *DIEC 2*. Això suposa que alguns mots que usa Martorell i que ja no es fan servir s'han hagut de substituir per sinònims.
b) S'ha adaptat la morfologia d'alguns mots al català modern.
c) S'han respectat tant com s'ha pogut alguns trets característics de la novel·la, com per exemple l'anteposició de l'adjectiu al verb i al substantiu o el polisíndeton.
d) Preferentment, s'ha utilitzat el passat perifràstic en detriment del simple.
e) Pel que fa a la sintaxi, s'ha intentat ser fidel al text original. Ara bé, hi ha alguns passatges realment complexos que s'han hagut d'aclarir separant les oracions amb signes de puntuació o canviant l'ordre dels elements de l'oració. Justament la interpretació d'aquests fragments obscurs és la part més subjectiva de qualsevol versió. Sempre que ha estat possible, s'ha intentat contrastar aquesta interpretació amb la d'altres persones que han fet versions o estudis del text.

INTRODUCCIÓ

L'estudi introductori que encapçala aquesta versió té un caràcter divulgatiu i pretén donar algunes eines que ajudin a interpretar i entendre el text. Com que és un llibre adreçat a un alumnat amb interessos diversos, també s'ha intentat que la bibliografia fos útil i breu. Per tant, no hi ha una llista exhaustiva de totes les versions que s'han fet de l'obra ni tampoc hi figuren tots els estudis que existeixen, alguns dels quals són molt especialitzats.

Al final de la versió hi ha tot un seguit de propostes de treball que tenen en compte les indicacions del Departament d'Educació a l'hora de programar activitats diversificades. Inclouen el treball i l'avaluació de la llengua oral i també hi ha activitats més creatives que tenen la intenció d'engrescar aquella part de l'alumnat que és menys receptiva als textos medievals.

Bibliografia i webgrafia

Versions completes de l'obra

MARTORELL, Joanot; GALBA, Martí Joan de. «*Tirant lo Blanc*» *i altres escrits de Joanot Martorell*. Edició a cura de Martí de Riquer. Barcelona, Editorial Ariel, 1979.
MARTORELL, Joanot; GALBA, Martí Joan de. *Tirant lo Blanc*. Edició a cura d'Albert Hauf i Vicent J. Escartí. València, Conselleria de Cultura, Educació i Ciència de la Generalitat Valenciana, 1990.

Estudis

CHINER, Jaume. *El viure novel·lesc. Biografia de Joanot Martorell*. Alcoi, Editorial Marfil, 1993.
ESPADALER, Anton M. «L'heroi i l'amor», dins *Seminari El Gust per la Lectura. Curs 1989-1990*. Barcelona, Departament d'Ensenyament de la Generalitat de Catalunya, 1990.
FLORI, Jean. *Caballeros y caballería en la Edad Media*. Barcelona, Editorial Paidós, 2001.
HUIZINGA, Johan. *El otoño de la Edad Media*. Madrid, Alianza Editorial, 2001.
NADAL, Josep M.; PRATS, Modest. *Història de la llengua catalana*, vol. 2. Barcelona, Edicions 62, 1996.
RIQUER, Martí de. *Història de la literatura catalana*, vol. 3. Barcelona, Editorial Ariel, 1964.

Diccionaris

http://dlc.iec.cat/

Diccionari normatiu de la llengua catalana, editat per l'Institut d'Estudis Catalans. Versió *on-line*.
http://dcvb.iecat.net/
Diccionari català-valencià-balear. Versió *on-line*. Diccionari fonamental per la gran quantitat de lèxic que recull i perquè conté molts exemples.

Bibliografia digital

ALEMANY, Rafael. *La mort de Tirant i el triomf d'Hipòlit o la crisi del món cavalleresc vista per un cavaller en crisi*. Biblioteca Virtual Joan Lluís Vives, 2003.

ALEMANY, Rafael. *En torno al desenlace del «Tirant lo Blanc»*. Biblioteca Virtual Joan Lluís Vives, 2003.

ALEMANY, Rafael. *De la lògica d'un final aparentment il·lògic: a propòsit del desenllaç del «Tirant lo Blanc»*. Biblioteca Virtual Joan Lluís Vives, 2003.

AGUILAR, Miquel. *Claus interpretatives de la ficció de la Viuda en el «Tirant lo Blanc»*. http://parnaseo.uv.es/Tirant/tirant7.htm

BADIA, Lola. *Tot per a la dona però sense la dona: notes sobre el punt de vista masculí al «Tirant lo Blanc»*. Biblioteca Virtual Joan Lluís Vives, 2003.

BELTRAN, Rafael. *Las «Bodas sordas» en «Tirant lo Blanc» y «La Celestina»*. Biblioteca Virtual Joan Lluís Vives, 2004.

BELTRAN, Rafael. *Paralelismos en los enamoramientos de Calisto y Tirant lo Blanc: los síntomas del «mal del amar»*. Biblioteca Virtual Joan Lluís Vives, 2004.

BELTRAN, Rafael. *«Amor val» i «mal va»: dues invencions poètiques i una proposta textual per a «Tirant lo Blanc», capítol 119*. http://parnaseo.uv.es/Tirant/tirant6.htm

BELTRAN, Rafael. *Los orígenes del Grial en las leyendas artúricas: interpretaciones cristianas y visiones simbólicas.* http://parnaseo.uv.es/Tirant/tirant11.htm

CACHO BLECUA, Juan Manuel. *El beso en el «Tirant lo Blanc»*. Biblioteca Virtual Joan Lluís Vives, 2003.

CACHO BLECUA, Juan Manuel. *El amor en el «Tirant lo Blanc»: Hipòlit y la Emperadriu.* Biblioteca Virtual Joan Lluís Vives, 2003.

IZQUIERDO, Teresa. *La representació del Sagrat Palau de Constantinoble al «Tirant lo Blanc»: noves aportacions per al coneixement d'una arquitectura desapareguda.* http://parnaseo.uv.es/Tirant/tirant6.htm

MARTÍNEZ, Tomàs. *Funus triumpho simillimum? Consideracions al voltant de la mort i del dol per Tirant lo Blanc.* Biblioteca Virtual Joan Lluís Vives, 2003.

RENEDO, Xavier. *De libidinosa amor los efectes.* Biblioteca Virtual Joan Lluís Vives, 2003.

SANTANDREU, M. Dolors. *El testament de Sibil·la de Berga.* http://www.raco.cat/index.php/Erol/article/viewFile/171914/250517

www.cervantesvirtual.com/bib_obra/Tirant

Pròleg interessant de Mario Vargas Llosa a l'edició francesa de la novel·la (traduït a l'espanyol).

En l'apartat «Catàleg» podem accedir a una gran quantitat de bibliografia sobre *Tirant lo Blanc* digitalitzada. Està ordenada per autors i per títols. Alguns estudis són molt especialitzats, però altres són molt divulgatius.

Bona part de l'apartat «Estudis» està en construcció, però es pot accedir a alguns estudis sobre els nuclis argumentals, els itineraris de Tirant, etc.

Com a curiositat, es poden veure diverses edicions de la novel·la, tant manuscrites com incunables.

www.tinet.org/bdt/tirant/

Pàgina elaborada per Jordi Tiñena. S'hi pot trobar: biografia de Joanot Martorell, un estudi sobre alguns aspectes de la novel·la, un resum de les parts. Conté també una edició *on-line* del text original que es pot consultar capítol a capítol.

Tirant lo Blanc

[Resum breu de la novel·la fins a l'arribada de Tirant a Constantinoble]

La novel·la narra la trajectòria cavalleresca del protagonista: Tirant lo Blanc. Aquesta trajectòria s'inicia quan el jove gentilhome bretó s'encamina a Londres amb motiu de les justes que es fan per tal de celebrar el casament del rei d'Anglaterra amb una filla del rei de França. Tirant, que encara no ha rebut l'orde de cavalleria, hi va amb altres companys. Pel camí troba Guillem de Varoic, un vell cavaller que s'ha fet ermità a fi de fer-se perdonar els pecats i que l'instruirà sobre la cavalleria. Quan acabin les festes, al cap d'un any i un dia, amb l'honor d'haver-hi estat nomenat el millor cavaller, Tirant retornarà a la Bretanya.

Mentre Tirant visita el seu senyor, el duc de Bretanya, arriben dos cavallers de la cort del rei de França que els informen que els genovesos i el soldà del Caire han assetjat l'illa de Rodes. Tirant decideix anar-los a ajudar i compra una nau amb aquesta finalitat. L'acompanyarà Felip, cinquè fill del rei de França i poc estimat pel seu pare a causa de la seva grolleria. Tots plegats s'embarquen i fan escala a Lisboa. Seguidament continuen el viatge pel litoral portuguès i, en arribar a l'estret de Gibraltar, són atacats per naus mores i genoveses. Després de diversos combats, aconsegueixen arribar a Palerm i són rebuts pels reis de Sicília i per la seva filla, la infanta Ricomana. Felip i Ricomana s'enamoren, però ella no ho acaba de veure clar perquè intueix l'escassa intel·ligència del jove, tot i que Tirant mira d'amagar les relliscades de l'infant francès.

Mentre són a Palerm, es reben notícies de les penalitats que estan passant a Rodes i el nostre heroi decideix d'anar-hi immediatament. L'acompanya el rei de Sicília. Tirant aconsegueix burlar el setge de moros i genovesos mitjançant el seu enginy, i arriba al port de Rodes ben carregat de queviures. El Mestre de Rodes els explica totes les calamitats que els han succeït.

Tirant aprofita l'enginy d'un mariner de la seva tripulació per tal de trencar el setge: aconsegueix calar foc a la nau del capità dels genovesos i que el soldà aixequi el setge. Durant la retirada, els cristians fan una gran matança de moros i de genovesos.

Tot seguit, el nostre heroi fa un viatge per Terra Santa, durant el qual allibera molts cristians captius, bona part dels quals s'integren en el seu exèrcit, i torna a Sicília on han arribat uns ambaixadors del rei de França que porten el seu consentiment perquè Felip es casi amb Ricomana.

Després del casament, Tirant i els seus companys participen en una expedició contra els moros i conquereixen Tunis. Posteriorment, Tirant costeja Berberia fins a Gibraltar i, finalment, arriba a Marsella, des d'on es trasllada a Bretanya per veure els seus pares. Torna a Palerm, on rep una carta de l'emperador de Constantinoble demanant-li que passi al seu servei, ja que els turcs assetgen l'Imperi grec. Tirant marxa immediatament cap a Constantinoble, on és rebut amb grans honors i nomenat capità dels exèrcits grecs. Quan arriba a la cort, però, tothom està de dol per la mort del príncep hereu a mans dels infidels.

Tirant ha participat en molts combats cavallerescos i ho ha fet, com és natural, en honor a una dama (cosa que ha estat a punt de costar-li la vida), però no s'ha enamorat mai. Fins que arriba a Constantinoble i entra en una cambra en la qual hi ha tot un seguit de donzelles.

CXVII

Com Tirant va arribar a Constantinoble i les explicacions que li va fer l'emperador

[...] Quan van ser a la gran sala del palau, l'emperador el va agafar de la mà i el va fer entrar dins la cambra on hi havia l'emperadriu i la van trobar de la següent manera. La cambra era molt fosca, no hi havia llum ni cap claror, i l'emperador va dir:

—Senyora, vet aquí el nostre capità major que ve per fer-vos reverència.

Ella va respondre, quasi amb veu esmorteïda:

—Benvingut sigui.

Tirant digué:

—Senyora, hauré de creure que aquella que parla és la senyora emperadriu.

—Capità major —va dir l'emperador—, aquell que tingui la capitania de l'Imperi grec té potestat d'obrir les finestres i de mirar-les totes a la cara i de treure'ls el dol que porten pel marit, pare, fill o germà. I així vull que vós exerciu el vostre ofici.

Tirant manà que li portessin una torxa encesa, cosa que fou feta ràpidament. Quan la cambra va ser il·luminada, el capità va veure un dosser tot negre. S'hi va acostar i el va obrir i va veure una senyora vestida de drap gruixut i amb un gran vel negre al cap que la cobria fins als peus. Tirant li va alçar el vel i va quedar amb la cara descoberta i, en veure-li la cara, es va agenollar i li va besar el peu sobre la roba i després la mà. I ella tenia a la mà uns rosaris d'or esmaltats; els va besar i va fer que el capità els besés. Després va veure un llit amb cortines negres. I la infanta estava estirada damunt aquell llit amb un brial[1] de setí negre, vestida i coberta amb una tela de vellut del mateix color. Als peus, damunt el llit, seien una dona i una donzella. La donzella era filla del duc de Macedònia; i la dona es deia la Viuda Reposada, la qual havia alletat la infanta. A la cambra hi va veure cent setanta dones i donzelles que estaven amb l'emperadriu i amb la infanta Carmesina.

Tirant es va acostar al llit, va fer una gran reverència a la infanta i li va besar la mà. Després va anar a obrir les finestres. I va semblar que totes les dames sortissin d'una gran captivitat, perquè

---

1. *brial*: vestit de seda o de tela rica que anava lligat a la cintura i que arribava fins als peus.

feia molts dies que s'havien tancat a les fosques per la mort del fill de l'emperador. Tirant va dir:

–Senyor, amb la vostra vènia i el vostre perdó, explicaré a la vostra Altesa i a la senyora emperadriu, que és aquí present, la meva intenció. Jo veig que el poble d'aquesta insigne ciutat està molt trist i adolorit per dues raons. La primera és per la pèrdua que ha patit la vostra Altesa d'aquell valerós cavaller, el vostre fill el príncep; i aquest fet no ha d'afeixugar la vostra Majestat, perquè ha mort per servir Déu i per mantenir la santa fe catòlica, sinó que heu de lloar i donar gràcies a la immensa bondat de Déu Nostre Senyor, ja que ell us l'havia encomanat i ell us l'ha volgut prendre per a major bé seu, que l'ha col·locat en la glòria del paradís. Per això l'heu de lloar; i ell, que és misericordiós i té una pietat infinita, us donarà una vida pròspera i llarga en aquest món i, després de mort, l'eterna glòria, i farà que venceu tots els vostres enemics. La segona causa per la qual també estan tristos és perquè es veuen molt a prop una gran morisma i temen perdre els béns i la vida i, com a mal menor, caure captius en poder dels infidels. Per això cal que la vostra Altesa i la senyora emperadriu mostreu una cara alegre a tots els que us veuran, a fi de consolar-los del seu dolor i per tal que agafin coratge per a batallar virilment contra els enemics.

–El capità dóna un bon consell –va dir l'emperador–. I jo vull i mano que tant homes com dones deixin el dol tot seguit.

CXVIII

Com Tirant va ser ferit al cor amb una fletxa que li tirà la deessa Venus perquè mirava la filla de l'emperador

Mentre l'emperador deia aquelles paraules, les orelles de Tirant estaven atentes a les raons, però els ulls contemplaven la gran bellesa de Carmesina. I com que feia molta calor, ja que les finestres havien estat tancades, estava mig descordada i mostrava els pits com dues pomes del paradís que semblaven de cristall, les quals van donar entrada als ulls de Tirant, que en endavant no trobaren la porta de sortida, i foren empresonats per sempre més sota el poder d'una persona lliure, fins que la mort dels dos els va separar. Us puc ben dir, certament, que els ulls de Tirant no havien rebut mai un aliment semblant, per molts honors i satisfaccions que hagués rebut, com fou aquell de veure la infanta.[2] L'emperador va agafar de la mà la seva filla Carmesina i la va treure fora d'aquella cambra. I el capità va prendre l'emperadriu del braç i van entrar en una altra cambra ben adornada i a l'entorn de la qual s'explicaven les següents històries d'amor: de Floris i de Blancaflor, de Tisbe i de Príam, d'Enees i de Dido, de Tristany i d'Isolda, i de la reina Ginebra i de Lancelot, i de molts altres, que tots aquells amors havien estat molt ben representats en aquella subtil i artificial pintura. I Tirant va dir a Ricard:

—No hauria cregut mai que en aquesta terra hi haguessin tantes coses admirables com les que ara veig.

I ho deia més per la gran bellesa de la infanta, però aquell no ho va entendre.

Tirant va demanar llicència a tothom i se'n va anar a la posada. Va entrar en una cambra i va posar el cap sobre un coixí, als peus del llit. No va passar gaire estona que li van anar a dir si volia dinar. Tirant va dir que no, que li feia mal el cap. Però ell estava ferit per aquella passió que a molts enganya. Diafebus, en veure que Tirant no sortia, va entrar a la cambra i li va dir:

—Senyor capità, us prego, pel meu amor, que em digueu quin és el vostre mal, ja que si jo us puc donar algun remei ho faré amb molt bona voluntat.

—Cosí meu –va dir Tirant–, el meu mal, de moment, no neces-

---

2. En aquest fragment podem trobar diversos tòpics trobadorescos: els ulls com a porta d'entrada de l'amor, la presó d'amor i la mort per amor. Cal remarcar, però, que Martorell s'allunya del cànon trobadoresc: el que commociona Tirant no són els ulls, sinó els pits de Carmesina, que li semblen «dues pomes del paradís».

siteu saber-lo. I jo no tinc altre mal sinó l'aire de la mar que m'ha comprès tot.[3]

—Oh, capità! I us voleu amagar de mi, que he estat arxiu de tots els mals i béns que heu tingut, i ara, per tan poca cosa, em bandegeu dels vostres secrets? Digueu-m'ho, jo us ho demano, i no em vulgueu amagar res que us faci mal.

—No vulgueu turmentar-me més –va dir Tirant–, que mai no he sentit un mal tan greu com el que ara sento, que em portarà aviat a una mort miserable o a la glòria reposada si la fortuna no m'és contrària, ja que la finalitat de totes aquestes coses és el dolor per l'amor, que sempre és amarg.

I es va girar de l'altra part, de vergonya, que no va gosar mirar Diafebus a la cara, i no li va poder sortir altra paraula de la boca sinó que va dir:

—Estimo.

Acabant-ho de dir, els seus ulls van destil·lar vives llàgrimes barrejades amb sanglots i sospirs. Diafebus, en veure el comportament vergonyós de Tirant, en va comprendre la causa: Tirant sempre renyava tots els del seu llinatge, i encara aquells amb qui tenia amistat, quan parlaven d'amors. Ell els deia: «Sou ben folls tots aquells que estimeu. No us fa vergonya de llevar-vos la llibertat i de posar-la en mans del vostre enemic, que abans us deixaria morir que no tenir-vos pietat?», i es burlava de tothom. Però jo veig que ara ell ha caigut en el parany de l'amor, al qual no hi ha força humana que pugui resistir.

I pensant Diafebus en els remeis que aquest mal requeria, amb gest piadós i afable, va començar a parlar d'aquesta manera.

---

3. Martorell juga amb l'homofonia de diversos mots i expressions: *l'aire de la mar* que sona com *l'aire de l'amar*, i *comprès* que significa 'envair un sentiment', però que també s'assembla a *corprès*.

CXIX

Raons de conhort que Diafebus fa a Tirant perquè el veu empresonat amb el llaç de l'amor

—La condició pròpia de la natura humana és estimar, ja que Aristòtil diu que cada cosa desitja el seu semblant. I encara que a vós us sembli que estar subjugat al jou de l'amor és una cosa dura i estranya, podeu ben creure que ningú no té la força de poder-s'hi resistir. Per això, senyor capità, com més savi és l'home, amb més discreció ha d'amagar els moviments naturals i no exterioritzar la pena i el dolor que combaten el seu pensament, perquè la bondat de l'home apareix quan sap sostenir les adversitats de l'amor amb ànim virtuós; per la qual cosa, alegreu-vos i baixeu d'aquest lloc de pensaments on esteu assegut, i que el vostre cor manifesti alegria perquè ha estat la bona sort que ha posat el vostre pensament en un lloc tan alt; i vós d'una part i jo de l'altra podrem posar remei a aquest dolor novell.

Quan Tirant va veure el bon conhort que Diafebus li donava es va sentir molt consolat. Es va llevar avergonyit i se'n van anar a dinar. L'àpat va ser molt singular ja que l'havia enviat l'emperador, però Tirant va menjar molt poca vianda i es va empassar moltes llàgrimes, i es va adonar que veritablement havia pujat a un grau molt alt. Però va dir:

—Ja que aquesta qüestió ha començat avui, ¿quan plaurà a Déu que pugui obtenir una sentència victoriosa?

Tirant no va poder menjar. I els altres es pensaven que estava destrempat a causa del treball del mar. I com que tenia molta passió, es va aixecar de taula i va entrar en una cambra sospirant, ja que la vergonya feia que sentís una gran torbació. Diafebus i els altres van anar a fer-li companyia fins que ell va voler reposar una mica.

Diafebus es va fer acompanyar per un altre cavaller i van anar al palau, no pas per veure l'emperador, sinó per veure les dames.

L'emperador estava assegut en una finestra. Quan els va veure passar, els va dir que pugessin allà on era ell. Diafebus i l'altre van pujar a les cambres on era l'emperador amb totes les dames. L'emperador li va demanar què s'havia fet del seu capità i Diafebus li va respondre que es trobava una mica indisposat. I, quan ho va saber, li va desplaure molt i va manar que els seus metges l'anessin a visitar de seguida.

Quan els metges hagueren tornat, van explicar a l'emperador que estava molt bé, que el seu mal es devia al canvi d'aires. El magnànim emperador va pregar a Diafebus que li relatés totes les festes que s'havien fet a Anglaterra amb motiu de les bodes del rei amb la filla del rei de França, i els fets d'armes de tots els cavallers i quins havien estat els vencedors del camp.

–Senyor –va dir Diafebus–, vostra Majestat em mostraria molta gràcia i mercè si no em fes explicar aquestes coses, per tal com jo no voldria que vostra Altesa pogués pensar que, com que sóc parent de Tirant, l'estic lloant en comptes d'explicar els fets tal com realment van passar. I per a major seguretat, i que la Majestat vostra no hagi de creure el contrari, tinc aquí totes les actes signades de la pròpia mà del rei i dels jutges de camp i de molts ducs, comtes i marquesos, de reis d'armes, d'heralds i de porsavants.

L'emperador li va pregar que les hi fes portar a l'instant, que ell recitaria els fets. Diafebus així ho va fer i després va relatar llargament a l'emperador totes les festes per l'ordre en què s'havien celebrat, i també els fets d'armes. Tot seguit van llegir totes les actes i van veure que Tirant havia estat el millor cavaller de tots. L'emperador va sentir una gran satisfacció; i molt més gran va ser la de la seva filla Carmesina i de totes les dames, les quals escoltaven amb gran devoció les singulars proeses cavalleresques de Tirant. Després van voler que els expliqués el casament de la infanta de Sicília i l'alliberament del Gran mestre de Rodes.

Quan tot fou explicat, l'emperador se'n va anar per tenir consell, cosa que acostumava a fer mitja hora cada matí i una hora després de vespres.[4] I Diafebus el va voler acompanyar, però el valerós senyor no ho va voler, sinó que va dir:

—És cosa sabuda que el delit dels cavallers joves és estar entre les dames.

Ell se'n va anar i Diafebus es va quedar i van parlar de moltes coses. La infanta Carmesina va suplicar a l'emperadriu, la seva mare, que passessin a una altra sala per tal que es poguessin distreure una mica, atès que feia molt de temps que estaven tancades a causa del dol pel germà. L'emperadriu va respondre:

—Filla meva, vés on vulguis, que jo estic contenta.

Van passar tots a una gran sala molt meravellosa, obrada de maçoneria amb un art molt delicat: a totes les parets, fetes de jaspis i pòrfirs de diversos colors, hi havia imatges que admiraven tots aquells que les miraven. Les finestres i les columnes eren de cristall pur, així com el paviment, que centellejava i emetia una gran resplendor. Les imatges de les parets mostraven diverses històries de Bors, de Perceval i de Galeàs quan es va llançar a l'aventura del siti perillós;[5] tota la conquesta del Sant Graal hi era representada. El sostre era tot d'or i de color blau cel, i al voltant hi havia les imatges, totes d'or, de tots els reis cristians, cadascun amb la seva bella corona al cap i amb el ceptre a la mà; i sota els peus de cada rei hi havia un permòdol[6] en el qual hi havia un escut amb les seves armes dibuixades i el seu nom escrit en lletres llatines.

Quan van ser a la sala, la infanta i Diafebus es van apartar una mica de les donzelles i van començar a parlar de Tirant. Diafebus, en veure tan bona disposició i que la infanta parlava de Tirant amb tant d'afecte, va començar a dir:

---

4. *vespres*: part de l'ofici diví que es diu a la tarda, aproximadament quan es pon el sol.

5. *siti perillós*: nom que en els llibres de cavalleria del cicle bretó es donava a una cadira on no es podia asseure, sense que hi morís, un cavaller que no fos ple de bondat i puresa; aquesta cadira fou adoptada com a emblema per Alfons V.

6. *permòdol*: pedra, fusta o ferro que surt perpendicularment de la paret, per sostenir una biga, un prestatge, una llosana, etc.

—Oh, quin honor és per a nosaltres haver travessat tant de mar i arribar en bon estat de salut al port desitjat de la nostra felicitat suprema! I com a mercè especial hem obtingut que els nostres ulls hagin vist la més bella imatge humana que des de la nostra mare Eva hi ha hagut i crec que mai més serà, proveïda de totes les altes gràcies i virtuts, benvolença, bellesa, honestedat, i dotada de saber infinit! I no em dolen els treballs que hem sofert, ni els que han de venir, perquè he trobat vostra Majestat, que és mereixedora de senyorejar l'univers; i aquesta no és altra que la vostra Altesa. Guardeu aquestes paraules en els llocs més secrets de la vostra ànima. Us parlo com a servidor fervent, com aquell famós cavaller Tirant lo Blanc que ha vingut només per la fama, en sentir contar que vostra Excel·lència posseïa tots els béns i virtuts que podien ser comunicats per naturalesa a un cos mortal. I no pensi la vostra Altesa que hàgim vingut pels consells del valerós rei de Sicília; ni per les cartes que l'emperador, el vostre pare, ha enviat al rei de Sicília; ni pensi vostra Excel·lència que hem vingut per exercitar-nos en fets d'armes, ja que en som molt experimentats; ni tan sols per la bellesa de la terra o per veure els palaus imperials, ja que qualsevol de les nostres cases estaria bé com a temple d'oració: són tan grans i tan belles que cada un de nosaltres presumeix de ser un petit rei en la seva terra. Pot creure, doncs, vostra Excel·lència que no hem vingut sinó per veure-us i servir-vos. De manera que, si no hi ha guerres ni batalles, tot serà per amor i contemplació vostra.

   —Oh, trista de mi! —va dir la infanta—. I què em dieu? Em podré vantar que heu vingut aquí per mi i no pel meu pare?

   —Sobre això podria mantenir la meva paraula —va dir Diafebus—, perquè Tirant, que és germà i senyor de tots, ens va pregar que volguéssim venir amb ell a aquesta terra i que li volguéssim fer tant d'honor, a fi de poder veure la filla de l'emperador, a la qual ell desitjava veure més que a ningú del món. I la primera vista que ha tingut de vostra Altesa ha estat tan grata que ha anat de cap al llit.

   Quan Diafebus presentava aquestes coses a la infanta, ella estava alienada pensant intensament, estava mig esvanida i la seva cara angelical anava canviant de color, perquè l'havia envaït la fragilitat femenina i no podia parlar. Per una banda, l'amor l'envaïa i, per l'altra, la vergonya la retreia. L'amor la incitava a voler allò que no era correcte, però la vergonya li ho impedia pel temor de torbar-se.

En aquest instant va venir l'emperador i va cridar Diafebus, perquè li plaïa molt el seu comportament. I van parlar de moltes coses fins que l'emperador va voler sopar. Diafebus li va demanar permís, es va acostar a la infanta i li va dir si la seva Majestat li manava alguna cosa.

—Sí —va dir ella—: preneu abraçades meves, guardeu-ne per a vós i feu-ne una part a Tirant.

I Diafebus s'hi va acostar i va fer el que li havia manat.

Com que Tirant va saber que Diafebus havia anat al palau i que havia parlat amb la infanta, tenia el més gran desig del món que arribés per poder saber noves de la seva senyora. Quan va entrar a l'habitació, Tirant es va aixecar del llit i li va dir:

—Bon germà meu, quines notícies em porteu de la que és plena de virtuts i té la meva ànima captivada?

Diafebus, veient el gran amor de Tirant, el va abraçar de part de la seva senyora i li va explicar tota la conversa que havien mantingut. Tirant va restar més content que si li hagués donat un regne, va recuperar les forces, va menjar bé i es va alegrar: desitjava que arribés el matí per poder anar-la a veure.

Quan Diafebus es va separar de la infanta, ella va restar meditabunda, per la qual cosa es va veure obligada a allunyar-se del costat del seu pare i anar-se'n a la seva habitació. La filla del duc de Macedònia es deia Estefania i era una donzella a la qual la infanta estimava molt, perquè tenien la mateixa edat i s'havien criat juntes des de petites. Quan va veure que la infanta entrava a l'habitació, es va aixecar ràpidament de taula i li va anar al darrere. Quan fou amb ella, la infanta li va explicar tot el que Diafebus li havia dit i l'extrem sofriment que passava a causa de l'amor de Tirant:

—I t'asseguro que m'ha alegrat més la vista d'aquest tot sol, que de tots els que he vist pel món. És un home gran i d'aspecte únic, el seu gest mostra bé la gran força d'esperit que té i les paraules surten de la seva boca amb molta gràcia. El veig més cortès i amable que cap altre. Així doncs, qui no estimaria un home com aquest? I, a més, hi ha el fet que hagi vingut aquí més per mi que per mon pare! Certament, jo veig el meu cor molt inclinat a complir les seves ordres; i els senyals em diuen que serà la meva vida i la meva conservació.

Va dir Estefania:

—Senyora, cal triar el millor d'entre els bons i, sabudes les cavalleries cèlebres que ha fet, no hi ha dona ni donzella en el món que no l'hagués d'estimar de bon grat i sotmetre's en tot allò que vulgui.

Mentre tenien aquesta conversa delitosa, van venir les altres donzelles i la Viuda Reposada, que tenia molt ascendent sobre Carmesina per la raó que ja s'ha explicat, que l'havia alletat, i els va demanar de què parlaven. La infanta li va respondre:

—Parlem del que ens ha relatat aquell cavaller sobre les grans festes i honors que van fer a Anglaterra a tots els estrangers que hi van anar.

I parlant d'aquestes coses i d'altres van passar la nit, que la infanta no va dormir ni poc ni molt.

L'endemà Tirant es va vestir amb un mantell d'orfebreria.[7] La divisa eren unes garbes de mill i les espigues eren fetes amb perles molt grosses i belles; a cada punta del mantell hi havia un mot brodat que deia: «Una en val mill i mill no en valen una.» Els pantalons i el capiró, lligat a la francesa, també duien aquella divisa. A la mà portava el bastó d'or de la capitania. Tota la seva parentela anava molt ben vestida amb brocats, sedes i argenteria. I van anar tots a palau abillats així.

Quan van arribar a la porta major, van veure una cosa singular

---

7. La capa és confeccionada amb roba de fil d'or i la du lligada «a la francesa», és a dir, a la moda.

i que els va causar una gran admiració: entrant a la plaça, a cada llindar de la porta, per la part de dins, hi havia una pinya d'or. Eren de l'alçada d'un home i molt grosses, que cent homes no les podien aixecar. L'emperador les havia fetes fer en temps de prosperitat com a mostra de gran magnificència. Van entrar dins el palau i van trobar molts óssos i lleons lligats amb cadenes de plata molt gruixudes. Van pujar a una gran sala obrada d'alabastre.

Quan l'emperador va saber que el seu capità havia vingut, va ordenar que el deixessin entrar. I el va trobar vestint-se, acompanyat de la seva filla Carmesina que el pentinava i, tot seguit, li va donar aigua per rentar-se les mans, cosa que acostumava a fer cada dia. La infanta duia una gonella[8] d'orfebreria tota brodada d'una herba que té per nom amorval,[9] i amb lletres brodades amb perles a tot el voltant que deien el mot: «Mes no a mi.» Un cop l'emperador es va haver vestit, va dir a Tirant:

—Digueu-me, capità, quin era el mal que ahir sentia la vostra persona?

Va respondre Tirant:

—Senyor, vostra Majestat ha de saber que tot el meu mal és de mar, perquè els vents d'aquesta terra són més prims que els de ponent.

La infanta va respondre abans que parlés l'emperador:

—Senyor, la mar no fa mal als estrangers si són com cal, sinó que els dóna salut i llarga vida –va dir mirant sempre de cara a Tirant i somrient-li perquè s'adonés que ella l'havia entès.

L'emperador va sortir de l'habitació parlant amb el capità, i la infanta va prendre Diafebus de la mà i li va dir:

—No he dormit en tota la nit per les paraules que em vau dir ahir.

—Senyora, voleu que us ho digui? A nosaltres ens ha passat el mateix. Però em consola molt veure que heu entès Tirant.

---

8. *gonella*: túnica llarga cenyida a la cintura.
9. L'edició de Riquer parla d'una planta anomenada *amorval*, que no existeix. Beltran, en canvi, defensa que l'herba podria ser la malva.

—Com podeu pensar —va dir la infanta— que les dones gregues saben menys i tenen menys valor que les franceses? En aquesta terra sabran entendre bé el vostre llatí, per molt culte que el vulgueu parlar.

—Per això, senyora, per a nosaltres és un honor més gran —va replicar Diafebus— tractar amb persones molt intel·ligents.

—Ho veureu per endavant —va dir la infanta— en les converses i també comprovareu si coneixerem les vostres passades.

La infanta va manar que vingués Estefania amb les altres donzelles a fer companyia a Diafebus, i ràpidament en van venir moltes. Quan la infanta el va veure ben acompanyat, se'n va anar a la seva habitació per acabar-se de vestir. Mentrestant, Tirant havia acompanyat l'emperador a la gran església de Santa Sofia, el va deixar resant i va tornar al palau per fer companyia a l'emperadriu i a Carmesina. En arribar a la gran sala, hi va trobar el seu cosí Diafebus enmig de moltes donzelles, el qual els estava contant els amors de la filla del rei de Sicília i de Felip. Diafebus es mostrava tan còmode i familiar amb les donzelles com si s'hagués criat tota la vida entre elles.

Quan van veure entrar Tirant, totes es van posar dretes i li van donar la benvinguda. El van fer seure enmig d'elles i van parlar de moltes coses.

Va sortir l'emperadriu tota vestida de vellut de color fosc. Apartada dels altres, es va interessar pel mal de Tirant. Ell li va respondre que ja estava molt bé. No va passar gaire estona que la infanta va aparèixer amb un vestit del color del seu nom, folrat de marts gibelins, amb un tall als costats i amb màniga oberta; i al cap hi portava una petita corona amb molts diamants i robins i pedres de gran valor. Mostrava el seu gest agraciat i una bellesa infinita: era mereixedora de senyorejar totes les altres dames del món, si la fortuna la hi hagués volgut ajudar.

Tirant va prendre l'emperadriu pel braç, per tal com era capità major i precedia tots els altres. Allà hi havia molts comtes i marquesos, homes d'alta condició, que volgueren prendre la infanta pel braç, i ella va dir:

—No vull que ningú altre vagi al meu costat, sinó el meu germà Diafebus.

I tots van deixar que ell ho fes. Però Déu sap que Tirant s'hauria estimat més estar prop de la infanta que no de l'emperadriu. I anant a l'església Diafebus va dir a la infanta:

—Miri vostra Altesa, senyora, com se senten els esperits.

La infanta va preguntar:

—Per què ho dieu?

—Senyora —va respondre Diafebus—, doncs perquè vostra Excellència s'ha posat un vestit de xaperia[10] brodat amb grans perles i Tirant porta el que el cor percep que fa falta al vostre vestit. Oh, que feliç seria si podia fer que aquest mantell reposés sobre la vostra gonella!

I com que anaven molt a prop de l'emperadriu, va agafar el mantell de Tirant. Quan va sentir que li tibaven el mantell, es va aturar un pas enrere, mentre Diafebus el posava sobre el vestit de la infanta. I va dir:

—Senyora, ara la pedra és al seu lloc.

—Ai, trista! Us heu tornat boig o heu perdut el seny del tot? Teniu tan poca vergonya que dieu tals coses en presència de tanta gent? —va dir la infanta.

—No, senyora, que ningú no ho sent ni ho veu —va respondre Diafebus—. I jo sabria recitar el parenostre al revés, de manera que ningú no l'entendria.

—Certament crec —va dir la infanta— que heu après a l'escola de l'honor, allà on es llegeix Ovidi, aquell famós poeta que ha parlat sempre d'amor veritable en tots els seus llibres. I qui fa tot el que pot per imitar el mestre de la ciència, no fa poc. Si sabéssiu quin arbre produeix l'amor i l'honor, si coneguéssiu els costums d'aquesta terra, com en seríeu d'afortunat!

Acabada la conversa, van arribar a l'església. L'emperadriu es va posar darrere la cortina, però la infanta no hi va voler entrar amb l'excusa que feia calor; i no ho feia sinó per mirar Tirant a

---

10. *xaperia*: adornat amb peces metàl·liques.

pler. Tirant es va situar a prop de l'altar amb molts ducs i comtes. I tots van deixar que es posés el primer, en honor al seu ofici. Ell sempre acostumava a oir la missa agenollat. Quan la infanta el va veure de genolls a terra, va agafar un coixí de brocat dels que tenia allà i el va donar a una de les seves donzelles a fi que el portés a Tirant. I l'emperador va sentir una gran satisfacció en veure la gentilesa de la seva filla. Quan Tirant va veure el coixí que la donzella disposava per tal que s'hi agenollés, es va posar dempeus i va fer una gran reverència de genoll a la infanta amb el cap descobert.

No penseu que en tota aquella missa la infanta pogués acabar de resar les seves oracions, sinó que mirava Tirant i tots els seus que anaven molt ben vestits i abillats a la francesa. Quan Tirant va haver contemplat la singular bellesa de la infanta, i el seu pensament es va aturar a recordar les dones i donzelles que havia vist, va manifestar que mai no havia vist ni esperava veure una altra donzella a qui la natura hagués dotat de tants béns com aquesta; perquè ella resplendia en llinatge, en bellesa, en gràcia i en riquesa, qualitats que s'acompanyaven d'un saber infinit, que semblava més angelical que humana. Mirant la proporció que tenia la seva femenina i delicada persona, es veia que la natura havia fet tot allò que podia, que no havia fallat en res: ni en general ni molt menys en els detalls. Estava admirat dels seus cabells, que resplendien com madeixes d'or, els quals se separaven pel mig del cap en una clenxa d'una blancor de neu; i també estava admirat de les celles perfectes, una mica alçades, no gaire espesses i que semblava que fossin dibuixades amb un pinzell. A més, estava meravellat dels ulls, que semblaven dues estrelles rodones i refulgents com pedres precioses, que no movia vigorosament, sinó amb gracioses mirades que transmetien una confiança ferma. El seu nas era prim i afilat, ni gran ni petit, proporcionat a la bellesa de la cara, la qual era d'una extrema blancor: com una mescla de roses i lliris. Tenia els llavis vermells com el corall i les dents molt blanques, menudes i juntes, que semblaven de cristall. I encara estava més admirat de les mans, d'una blancor extrema i tan carnoses que no s'hi veia cap os, amb els dits llargs i prims, les ungles llargues i vermelles, que estaven tenyides d'alquena,[11] sense cap defecte.

Quan va acabar la missa, van tornar al palau en el mateix ordre. Tirant es va acomiadar de l'emperador i de les dames i se'n va tornar a la posada juntament amb els seus homes. En ser a la posada, va entrar a la seva habitació i es va llançar sobre el llit a pensar en la gran bellesa que posseïa la infanta. I el seu gest tan agraciat li va fer augmentar tant el seu mal que d'una pena que sentia, llavors en va sentir cent, i va començar a gemegar i a sospirar. Diafebus va entrar a la cambra i va veure que Tirant tenia un aire trist i adolorit. Va dir-li:

—Senyor capità, vós sou el cavaller més desassenyat que hagi vist mai. Els altres farien festa de nou lliçons[12] de l'alegria d'haver vist la seva senyora i per les festes i honors que us ha fet, més que a tots els grans senyors que hi havia; i, a més, us ha fet portar un coixí de brocat amb tanta benvolença i amor, davant de tothom. Quan hauríeu de ser l'home més feliç del món, feu tot el contrari com si no ho recordéssiu.

Veient les raons que Diafebus li donava, Tirant li va dir amb veu adolorida.

CXX

Lamentació d'amor que fa Tirant

—La pena extrema que sent la meva ànima és que estimo i no sé si seré estimat. Entre tots els altres mals que sento, aquest és el que

---

11. *alquena*: arbust les fulles del qual, un cop seques, es converteixen en pols i es fan servir per a tenyir els cabells, les celles i les ungles d'un color bru vermellós.

12. *festa de nou lliçons*: l'ofici litúrgic de matines consistia en la recitació d'una sèrie de lectures, anomenades *lliçons*, de la Bíblia i de grans escriptors eclesiàstics. En el context, vol dir que farien una gran festa.

em torba més. El meu cor s'ha tornat més fred que el gel, atès que no tinc cap esperança d'aconseguir allò que desitjo, ja que la fortuna sempre és contrària als que estimen bé. ¿No sabeu que en tots els fets d'armes en què he participat mai ningú no m'ha pogut avantatjar ni vèncer i, en canvi, la sola mirada d'una donzella m'ha vençut i enderrocat, de manera que no hi he pogut oposar cap resistència? I si ella m'ha causat el mal, quin metge em pot donar la medecina? Qui em pot donar vida o mort, o salut veritable si no ella? Si la seva Altesa és superior a mi en tot, és a dir, en riquesa, en noblesa i en senyoria, amb quin coratge i amb quina llengua podré parlar que pugui despertar la seva pietat? I si l'amor, que té una mateixa balança i que iguala els volers, no inclina el seu cor alt i generós, estic perdut, perquè em sembla que totes les vies que em poden procurar un remei estan tancades per a mi; de manera que no sé quin consell he de seguir per a la meva gran desventura.

Diafebus, en veure Tirant tan afligit, no va consentir que parlés més, sinó que va començar a parlar així.

CXXI

Raonaments que Diafebus fa a Tirant, consolant-lo dels seus amors

—Els enamorats de l'antiguitat, que desitjaven que la seva glòria perdurés, treballaven fatigosament per aconseguir l'alegria reposada, i vós voleu una mort miserable. Això no pot passar sense un advertiment: quan hàgiu aconseguit aquest amor, que no s'ha d'aconseguir amb cap força estranya, sinó amb el vostre enginy i esforç, l'heu de consumar. Per part meva us ofereixo de fer tots els preparatius que siguin possibles per tal de conservar els vostres drets, i us faig saber que, tant si tingués cent ànimes com una de sola, les posaria totes en perill pel vostre amor. I si vós actueu així algun dia, aquest comportament us ocasionarà una gran culpa i la infàmia perpètua, la qual tot bon cavaller ha d'evitar reprimint la seva passió. A més, si això arribava a orelles de l'emperador, que Déu no ho vulgui, ¿com quedareu vós i tots nosaltres, que el dia que heu arribat us heu enamorat de la seva filla i heu difamat el seu estat i la corona de l'imperi? Fareu de jutge en la vostra pròpia causa? Per la qual cosa es veu clarament que vós voldríeu que creguessin les vostres paraules, que voldríeu justificar a la gent les batalles i la consumació de l'amor. Penseu que ningú no ho descobrirà, que esteu enamorat; i ho voleu donar a conèixer a tothom el primer dia. Coneixeu bé aquella sentència vulgar que diu: «D'allà on es fa foc, n'ha de sortir fum.» Per la qual cosa, senyor capità, ja que teniu discreció, feu-la servir; esforceu-vos per tal que ningú no s'adoni de les vostres passions.

En sentir les sàvies paraules de Diafebus, Tirant es va alegrar molt del consol que li donava com a bon amic i parent. Va estar pensant una estona i després es va llevar i va sortir a la sala. I tots els seus homes estaven sorpresos del mal comportament de Tirant.

Quan va haver dinat, va pregar a Diafebus que anés al palau a donar unes hores[13] molt rares que tenia a la infanta. Eren fetes a París, tenien les cobertes d'or massís finament esmaltades i es tancaven amb un dispositiu de cargol d'escala, de manera que quan es treia la clau no es podia saber per on s'obria; la cal·ligrafia era molt singular i les històries eren fetes d'una manera estranya i estaven molt ben il·lustrades: tots els que les van veure van afirmar que en aquell temps no es podia trobar un llibre més luxós.

Diafebus va agafar un petit patge molt ben vestit i li va donar les hores cobertes per tal que les portés. Quan Diafebus va ser al palau, va trobar l'emperador a l'habitació de les dames i li va dir les paraules següents, tal com Tirant li havia dit que fes:

—Sacra Majestat, el vostre capità, desitjós de servir-vos en tot el que li maneu, no sap en què us pot ser útil. Suplica a la vostra Majestat que li doni permís per anar a veure el camp dels moros d'aquí a pocs dies. D'altra banda, tramet a vostra Altesa aquestes

---

13. *hores*: llibre d'oracions.

hores; i, si no us semblen bones, que les donin a alguna donzella de la infanta.

Quan les va veure, l'emperador es va meravellar de veure un objecte tan singular.

—Això —va dir l'emperador— no correspon sinó a una donzella de casa reial.

I les va donar a la seva filla Carmesina, que, tant per la bellesa de les hores com per tenir alguna cosa de Tirant, se'n va alegrar molt i es va aixecar i va dir:

—Senyor, plauria a la vostra Majestat que anéssim a buscar el capità i els ministrers[14] i féssim una mica de festa? Fa molt de temps que ens dura el dol i l'aflicció, i voldria que es restituís la prosperitat imperial.

—Filla estimada, ¿no sabeu que no tinc altre bé ni consolació en aquest món sinó a vós i a Isabel, reina d'Hongria, que ha estat foragitada de la vista dels meus ulls a causa dels meus pecats; i que des que el meu fill és mort, no em queda altre bé en aquest món miserable sinó vós, que sou el consol de la meva amarga vida? Procurar-vos tanta alegria com podreu tenir serà un gran repòs per a la meva vellesa.

La infanta va enviar ràpidament el patge a Tirant perquè hi anés i va fer seure Diafebus al seu costat.

Quan Tirant va sentir l'ordre de la seva senyora, va marxar de seguida de la posada i es va presentar davant de l'emperador, que li va pregar que ballés amb la seva filla Carmesina. El ball va durar quasi fins a la nit, quan l'emperador va voler sopar. I Tirant se'n va tornar molt content a la seva posada perquè havia dansat contínuament amb la infanta, la qual li havia dit moltes paraules agradables que ell havia pres com a mostra d'una gran estima.

El dia següent l'emperador va celebrar un gran convit en honor de Tirant. Tots els ducs, comtes i marquesos que hi van assistir van menjar a la seva taula amb l'emperadriu i la seva filla. La resta menjava en altres taules. Després del dinar van arribar les

---

14. *ministrers*: músics.

danses. I quan van haver ballat una mica, van fer la gran col·lació.[15] L'emperador va voler cavalcar per mostrar tota la ciutat al seu capità. I Tirant i els seus quedaren admirats de la gran bellesa i singularitat dels edificis que hi havia. També li va ensenyar totes les fortaleses de la ciutat i les grans torres que hi havia sobre les portes d'entrada i a les muralles, que eren innombrables.

Aquella nit, l'emperador va convidar a sopar Tirant i molta altra gent, per mostrar l'afecte que li tenia. La infanta era a la seva habitació i l'emperadriu va fer dir a Carmesina que vingués.

—Senyor —va dir Tirant—, és una cosa molt impròpia, segons la meva opinió, que la vostra successora a l'imperi es denomini *infanta*. Per què la vostra Majestat li pren el seu propi nom de princesa? Encara, senyor, que vostra Altesa tingui una altra filla més gran, esposa del rei d'Hongria, ella va renunciar a tots els drets en favor de l'excel·lent Carmesina, a canvi del gran dot que la vostra Majestat li va donar quan es va casar. I per això, senyor, parlant amb tot el respecte que pertoca, se l'hauria d'anomenar *princesa*, tal com correspon a qui ha de ser hereva del regne.

L'emperador, que va veure que Tirant tenia raó, va ordenar que des d'aquell moment no li diguessin sinó *princesa*.

El dia següent, l'emperador va convocar consell general i va manar a la seva filla que hi anés, cosa que ja li havia dit altres vegades:

—Filla meva, per què no veniu sovint al consell per aprendre com s'ha d'obrar en aquests afers? Com que per dret i per naturalesa viureu més que no pas jo, després de la meva mort heu de saber guiar i governar la vostra terra.

La princesa hi va anar, tant per conèixer el funcionament del consell com per sentir com parlava Tirant. Quan van estar asseguts en el consell, l'emperador va donar les darreres notícies a Tirant amb paraules d'aquest estil.

---

15. *col·lació*: menjada o beguda de coses dolces per refrescar o celebrar una festa.

[Resum dels capítols CXXII al CXXV]

L'emperador nomena Tirant capità dels seus exèrcits i li demana que comenci a organitzar-los per tal de presentar batalla als infidels. Algun cavaller proposa que el duc de Macedònia prengui el comandament dels exèrcits, idea que l'emperador rebutja. Tirant, doncs, es posa a la feina i al cap de quinze dies ja ho té tot preparat per a començar a combatre.

D'altra banda, Tirant veu com augmenta el seu amor per Carmesina. En una trobada entre tots dos, ella li recomana que vagi amb compte amb el duc de Macedònia, ja que es diu que va participar en la mort a traïció de l'hereu de l'imperi, el germà de la princesa.

L'emperador dóna permís a Tirant perquè enviï les galeres a Xipre, a fi que portin vitualles.

CXXVI

COM TIRANT VA SATISFER LES PREGUNTES DE L'EMPERADOR

[...] I Tirant se'n tornà ràpidament al port per fer-les marxar. Quan la princesa va veure que Tirant se n'anava, va cridar Diafebus i li va pregar que digués a Tirant de part seva que hi anés tan aviat com hagués acabat de dinar, ja que ella tenia un gran desig de parlar amb ell i que després dansarien.

Quan Tirant ho va saber, de seguida va comprendre de què es tractava, i va fer comprar el mirall més bell que van poder trobar i se'l va posar a la màniga. Quan li va semblar que ja era l'hora, van anar al palau i van trobar l'emperador i la filla conversant. Quan l'emperador els va veure arribar, va manar que fessin venir els ministrers, i van dansar una bona estona davant seu. I l'emperador, quan va haver mirat una mica, es va retirar a la seva cambra. La princesa, tot seguit, va deixar de dansar, va agafar Tirant de la mà i es van asseure en una finestra. I la princesa va iniciar aquest parlament:

—Cavaller virtuós, sento molta compassió per vós, pel mal que us veig passar, per la qual cosa us prego que em vulgueu manifestar el mal o el bé que sent la vostra virtuosa persona. Ja que potser d'aquest mal, pel vostre amor, en prendré una part. I si és bé, em confortarà que sigui tot vostre. Així doncs, feu-me el favor de voler-m'ho dir de seguida.

—Senyora —va dir Tirant—, vull mal al mal quan ve en temps de bé, i encara li vull més mal quan per ell perdo el bé. I aquest mal jo no el compartiria amb la vostra Altesa, que més m'estimaria que fos tot per a mi que no donar-ne part a ningú. I d'aquestes coses no se n'ha de parlar més. Parlem, senyora, d'altres coses que siguin font de plaer i d'alegria, i deixem les de passió que turmenten l'ànima.

—Certament, no hi ha res —va dir la princesa—, per estimat que em fos, que jo no us digués de bon grat si vós ho volguéssiu saber; i vós no m'ho voleu dir a mi. Per això us torno a pregar, per la cosa que estimeu més en aquest món, que m'ho digueu.

—Senyora —va dir Tirant—, us suplico per pietat que no em vulgueu fer un conjur tan fort com el que m'acabeu de fer, que us diré tot el que sé en aquest món. Senyora, el meu mal ben aviat estarà dit, però estic segur que ràpidament arribarà a les orelles del vostre pare i que això serà la causa de la meva mort. I, si no ho dic, també moriré de dolor i d'ira.

—I penseu vós, Tirant —va dir la princesa—, que les coses que s'han de mantenir en secret jo les voldria dir al meu senyor pare ni a cap altra persona? Jo no vaig vestida d'aquest color que us penseu, per tant, no tingueu por de dir-me tot el que us passa, perquè jo ho tindré tancat en el meu retret[16] secret.

—Senyora, com que la vostra Altesa em força a dir-ho, no puc dir res més sinó que estimo.

---

16. *retret*: cambra privada o lloc retirat on algú es pot aïllar de la comunicació amb els altres.

I no va dir res més, sinó que va abaixar els ulls cap a les faldes de la princesa.

CXXVII

Com la princesa va conjurar a Tirant que li digués qui era la senyora que ell tant estimava

–Digueu-me, Tirant –va dir la princesa–: si Déu us deixa obtenir el que desitgeu, digueu-me qui és la senyora que us ho fa passar tan malament, que si us puc ajudar en alguna cosa, ho faré de molt bona voluntat, perquè estic impacient de saber-ho.

Tirant es va posar la mà a la màniga, en va treure el mirall, i va dir:

–Senyora, la imatge que hi veureu em pot donar mort o vida. Mani-li vostra Altesa que em tingui pietat.

La princesa va agafar ràpidament el mirall i, amb passos cuitats, va entrar dins la cambra pensant que hi trobaria alguna dona pintada, però no hi va veure res sinó la seva cara. Llavors va comprendre que la festa es feia per ella, i es va admirar molt que un home pogués requerir d'amors una dama sense parlar.

I estant ella en aquest plaer pel que havia vist fer a Tirant, van arribar la Viuda Reposada i Estefania, i van trobar la princesa molt alegre, amb el mirall a la mà, i li van dir:

–Senyora, d'on heu tret un mirall tan galant?

I la princesa els va explicar la requesta d'amors que li havia fet Tirant i va dir que mai no ho havia sentir dir a ningú:

–Ni en tots els llibres d'històries que he llegit no he trobat una declaració tan graciosa. Quina glòria i saber que tenen els estrangers! Jo em pensava que tot el saber, la virtut, l'honor i la gentilesa es trobava entre la gent grega; ara m'adono que n'hi ha molt més en les altres nacions.

La Viuda Reposada va respondre:

–Ai, senyora! I com us veig caminar pel pedregar!, que l'un peu va tan endavant que l'altre no el pot aconseguir. Veig les vostres mans plenes de pietat i els ulls atorguen el que volen els altres. Digueu-me, senyora, és just i honest que la vostra Altesa faci tanta festa com feu a un servidor del vostre pare, el qual ha rebut quasi per amor de Déu a casa seva, i que ha estat foragitat pel famós rei de Sicília amb una colla d'arreplegats, amb robes d'or i de seda manllevades? ¿I per un home com aquest voleu perdre la fama perpètua de la vostra honesta castedat, de manera que no podríeu viure ni en hàbit de donzella ni com a filla de l'emperador, i que la persecució i la infàmia que se n'esdevindrien feririen les orelles dels oients? Deixeu de banda l'honestedat i us gloriegeu del que hauríeu d'abominar, quan tota donzella s'hauria d'allunyar d'aquestes inconveniències que comporten vergonya. Quan molts magnats i grans senyors reis, i els seus fills, desitgen unir-se a vós per lleial matrimoni, i vós els heu rebutjat fins ara amb paraules de falsa hostalera. Heu decebut i enganyat cada dia el vostre pare, i us voleu avenir a la veritable execució del vostre bé, honor i fama, i voleu abandonar i oblidar el deute que deveu a la natura. Que més us valdria morir o no haver sortit del ventre de la vostra mare, que d'aquesta infàmia n'arribés notícia a les persones d'honor. I si us uniu amb ell per amor no lícita, què diran de vós? I si us uniu amb ell per lícit matrimoni, digueu-me, si us plau, quin títol té, de duc, comte o marquès, o de rei? No us vull dir res més, perquè no sóc dona que m'acontenti amb paraules, quan és dubtosa l'execució de l'honestedat. Voleu que us digui tota la veritat? Mai no heu sabut de quin color van vestits l'honestedat ni l'honor. Aquest és el poc coneixement que teniu. I més us valdria, filla meva, que moríssiu estimant l'honestedat, que viure vergonyosament.

I va posar fi al seu parlament. La princesa es va alterar molt per les paraules que li havia dit la Viuda, i quasi plorant va entrar a la seva recambra. Estefania, rere d'ella, la consolava de la millor manera que podia dient-li que no s'havia d'angoixar tant.

–No és prou desgràcia aquesta –va dir la princesa–, que estigui sotmesa al pare i a la mare, i que encara, sense cap motiu, la dida que em va alletar em renyi? Què faria ella si m'hagués vist fer alguna cosa deshonesta? Jo crec que ho hauria pregonat per tota la cort i encara per tota la ciutat. Tinc esperança en Déu que li faci sofrir un càstig proporcional a la seva malvada llengua deshonesta i maldient, acompanyada d'injurioses blasfèmies.

–Qui em faria estar a mi –va dir Estefania–, per temor al pare, de no dansar i festejar segons correspon a nosaltres, donzelles cortesanes? Que és costum, i és un orgull, que les donzelles de la cort siguin amades i festejades segons les tres menes d'amor: virtuosa, profitosa i viciosa. La primera, que és virtuosa i honrosa, és quan algun senyor, infant, duc, comte o marquès, que serà un cavaller molt afavorit i virtuós, estima una donzella. Per a ella és un gran honor que totes les altres sàpiguen que aquest dansa o juny o entra en batalla pel seu amor, i que fa fets honrosos, de renom i fama; ella l'ha d'estimar perquè ell és virtuós i el seu amor també ho és. La segona és profitosa, i s'esdevé quan algun gentilhome o cavaller, d'antic llinatge i molt virtuós, estimarà una donzella i, amb donatius, la induirà a la seva voluntat, que ella no l'estimarà sinó per al seu profit. Aquest amor a mi no em plau, perquè tan aviat com cessa el profit, defalleix l'amor. La tercera és viciosa, i passa quan la donzella estima el gentilhome o el cavaller per al seu plaer. Aquest amor serà ple de raons i paraules afables que us donen vida per un any, però, si continuen d'allí endavant, es poden trobar en un llit encortinat i amb els llençols ben perfumats, i hi poden estar tota una nit d'hivern: aquesta mena d'amor em sembla molt millor que cap de les altres.

Quan la princesa va sentir parlar Estefania amb tanta gràcia, es va posar a riure i li va passar gran part de la malenconia que tenia.

–I espereu una mica, senyora –va dir Estefania–, que encara us vull parlar de tres articles de la fe que vostra Altesa no coneix ni, per ventura, ha escoltat mai. Per gràcia de Déu, la nostra bona condició és tal que, si els homes la sabien, amb menys esforç induirien les donzelles a la seva voluntat, si seguien exactament aquest ordre. Totes nosaltres som per natura de tres qualitats, que pel meu mal conec el de les altres. La primera, totes som cobdicioses;

la segona, goloses; la tercera, luxurioses. En el primer article, l'home de seny ha de treballar per a conèixer quina d'aquestes tres qualitats plau més la dona que estima. De manera que, si és cobdiciosa i està enamorada d'un altre, i vós li doneu més que l'altre, per cobdícia el deixarà i us estimarà a vós; d'aquesta manera la fareu desenamorar d'aquell que estimava primer, i us estimarà a vós; i, després que hàgiu passat al seu favor, us donarà tot el que era vostre i tot el que és seu. Si és golosa, envieu-li regals que siguin tota mena de llaminadures i fruites primerenques, i tot allò que a ella més li plagui. Si és luxuriosa, quan parleu amb ella feu-ho només de les coses que li agraden. I encara tenen una bondat més gran: que les que són casades, si s'enamoren d'algú altre, no volen tenir amistat amb un home que sigui millor o igual que el seu marit, sinó que ens rebaixem a altres de més vils que ells i enganyem el nostre honor i la nostra corona d'honestedat. Quan la dona surt del ventre de la seva mare, en el front porta escrit amb lletres d'or *Castedat*. Això no gosaria dir-ho davant d'altri, però m'acuso a mi mateixa primer que a totes les altres. Però mireu què li va passar, a la comtessa de Miravall, que va cometre adulteri i va rebre el càstig que es mereixia, ja que, convençuda que el marit dormia en el seu llit, ella va fer entrar a la seva cambra un gentilhome, i no dels millors, de qui estava enamorada. El comte es va despertar i no es va trobar la muller al costat. Es va incorporar i va sentir soroll a la cambra; es va llevar de pressa i va començar a cridar, i va agafar una espasa que tenia al capçal del llit. La comtessa va apagar el llum. El fill, que dormia en una recambra, va saltar del llit, va encendre una torxa i va entrar a la cambra del pare. El gentilhome, que va veure el fill amb el llum, li va donar un cop d'espasa al cap i el va matar. I el comte va matar el gentilhome i la comtessa, que pagaren, així, per la seva maldat.

   I mentre estaven amb aquestes raons, l'emperadriu va preguntar on era la seva filla, ja que feia molta estona que no la veia. Ella va sortir a la sala i hi va trobar l'emperadriu, que li va demanar de què tenia els ulls tan vermells.

—Senyora —va dir la princesa—, avui tot el dia que em fa mal el cap.

La va fer seure a la seva falda i la va besar moltes vegades.

L'endemà Tirant va dir a Diafebus:

—Parent i germà, us prego que aneu al palau i que parleu amb la princesa i mireu si podeu esbrinar com s'ha pres l'afer del mirall.

Diafebus hi va anar ràpidament i va trobar l'emperador que entrava a missa. Quan es va acabar, Diafebus es va acostar a la princesa i ella li va demanar què se n'havia fet de Tirant.

—Senyora —va dir Diafebus—, ha sortit de la posada per anar a seure a la cadira del judici.

—Si sabéssiu —va dir la princesa— quin joc em va fer ahir! Se'm va declarar amb un mirall! Però deixeu-me'l veure, que jo li diré coses que no li agradaran gens.

—Ai, bona senyora! —va dir Diafebus—. Tirant ha portat aquí flames de foc, però no n'hi ha trobat.

—Sí —va dir la princesa—, però allà la llenya és de malves i, amb l'aigua que ha caigut, s'ha tornat tota humida! En canvi, en aquest palau n'hi trobareu de major i de millor, i que escalfa molt més que vós no dieu. És d'una llenya que s'anomena Lleialtat, la qual és molt tendra i seca i dóna repòs amb alegria a qui s'hi pot escalfar.

—Senyora, fem el que us diré —va dir Diafebus—. Si a la vostra celsitud li plau, prenguem-ne de les vostres, que són bones i seques, i de les nostres, que són molles i humides; i de tot, fem-ne una massa a semblança i manera vostra i del virtuós Tirant.

—No! —va dir la princesa—, que dos extrems no es toquen.

I van seguir fent broma fins que van tornar a la cambra. Diafebus es va acomiadar, se'n tornà a la posada i va explicar a Tirant tota la conversa que havia tingut amb la princesa.

Quan van haver dinat, i Tirant va creure que l'emperador devia dormir, ell i Diafebus van anar al palau; i, des d'una finestra, Estefania els va veure venir. Immediatament ho va anar a dir a la princesa:

—Senyora, ja vénen els nostres cavallers.

I la princesa va sortir de la cambra de parament.[17] Quan Tirant va veure la seva senyora, li va fer una molt gran reverència, humiliant-se molt. I la princesa li va retornar la salutació amb cara no gaire afable, ni com tenia per costum de fer. Tirant, no prou content del gest de la seva senyora, en veu baixa i piadosa, li va dir el següent:

—Senyora que compliu totes les perfeccions, suplico a l'Excel·lència vostra que em vulgueu dir els vostres pensaments, ja que em sembla que fa dies que no he vist que la vostra Altesa tingués aquest capteniment.

—El meu comportament —va dir la princesa— no és de plaure a Déu ni encara menys al món. Ara bé, com que la sort us ha portat a fer aquest nou cas, us diré la causa per la qual es mostraran el vostre poc saber i bondat.

[Resum dels capítols CXXVII al CXLVI]

La princesa, tot i l'evident alegria que sent, amonesta Tirant per haver gosat declarar-se-li. Ell insisteix en la sinceritat del seu amor, manifesta que moriria per ella i se'n va trist i desconsolat. Carmesina de seguida es penedeix de les seves paraules i demana a Estefania que vagi a parlar amb Tirant i el consoli. Finalment, en veure que Estefania no torna, hi anirà ella acompanyada de Plaerdemavida, que és una altra de les seves donzelles. La princesa demana perdó a Tirant per les seves ofensives paraules.

Mentrestant, arriba un ambaixador del camp de batalla que explica que la situació s'ha agreujat, ja que el duc de Macedònia no aconsegueix frenar l'avanç dels turcs. Tirant hi va i aconsegueix una victòria que posa en evidència, encara més, la ineptitud del duc. El soldà demana una treva de sis mesos i Tirant convoca un consell per parlar-ne: el duc de Macedònia, molt covardament, és partidari d'acceptar la treva, mentre que Tirant i el duc de Pera pensen que

---

17. *parament*: antigament, cambra principal i més ben guarnida d'un palau.

justament ara que els enemics estan debilitats és el moment de lluitar amb més coratge. Preval l'opinió de Tirant. Els combats es traslladen prop del castell de Malveí. Hipòlit, que és el fill del senyor de Malveí, i Tirant es fan molt amics. L'heroi ha pensat un estratagema que consisteix a fer creure que les tropes imperials estan perdent, cosa que aprofita el duc de Macedònia per enviar un missatger a Constantinoble que doni la falsa notícia. Quan arriba el missatger de Tirant amb la nova de la victòria, ningú no el creu. Per sort, Diafebus arriba amb els presoners i demostra que Tirant ha vençut. Un cop restablerta la veritat, l'emperador dicta sentència contra els presoners.

CXLVI

La sentència que va dictar l'emperador contra els cavallers, ducs i comtes que havien estat fets presoners

[...] El dia abans de marxar, quan l'emperador es va retirar a descansar, Diafebus no es va oblidar d'anar a la cambra de la princesa; i la primera que va trobar va ser Estefania, a la qual va fer una gran reverència i li va dir:

–Gentil dama, he tingut molt bona sort d'haver-vos trobat la primera. Us agrairia que fóssiu benvolent i admetéssiu la meva demanda. Em tindria per un home afortunat si em permetéssiu ser el vostre servidor més pròxim, encara que no en sigui mereixedor, atesa la gran bellesa, gràcia i dignitat que posseïu. Però l'amor iguala voluntats i fa digne de ser estimat l'indigne. Com que jo us estimo més que a qualsevol dona en el món, i vós sou una dama amb tan bons sentiments, la meva demanda no m'ha de ser denegada. Deixeu de banda les paraules, excusant-vos en la senyora princesa, i preneu el meu amor com a defensa de la vostra virtut. Esteneu les mans cap a mi en senyal de victòria i haureu fet una bona elecció. I si feu el contrari, cosa que no és presumible, això us reportarà la confusió i la vergonya d'estimar poc; sereu blasmada per les dones d'honor i totes sentiran llàstima per la pèrdua de la vostra gentilesa, atès que no voleu sentir la glòria que s'aconsegueix amb l'amor: sereu condemnada a exiliar-vos a l'illa dels Pensaments on ningú no troba mai repòs. I si amb això no n'hi ha prou, i no em voleu concedir el vostre perdó, faré públiques a les dones i donzelles totes les peticions que us he fet i les vostres respostes cruels i despietades. Per una part em condemneu, per l'altra em doneu sentència de vida. Demano a la vostra mercè que la Il·lustríssima princesa jutgi qui de nosaltres, vós o jo, demana una causa més justa.

I va acabar de parlar.

La virtuosa Estefania va respondre amb cara afable:

—Com que la ignorància no és digna de perdó, obriu els ulls, que res no us excusa, i veureu el que les dones d'honor pronunciaran contra vós i a favor del meu honor. Per naturalesa, dos contraris no poden estar junts. La demanda que em feu us fa més mal del que us caldria i requereix una gran compensació que el repari. I encara més quan el judici dels entesos evidenciarà que dieu paraules que clamen contra el vostre honor, perquè veig que teniu molta pressa per extralimitar-vos. Així com crec que no penseu en ningú més, temo que no incorregueu en un error més gran quan intenteu reparar les vostres errades i feu que estengui la meva gonella damunt del vostre menyscabament. Perquè vull que us quedi clar que no vull fer miracles i ressuscitar un altre Llàtzer tal com ho va fer Jesucrist. Però no vull que el meu poc amor us causi desesperació, atès que és més gran que no us podríeu pensar, perquè la qualitat més gran que us conec és la ignorància que demostreu.

Quan Diafebus volia contestar a les paraules esmentades, va venir el cambrer de l'emperador i li va dir que el demanava. Diafebus va suplicar a Estefania que l'esperés allà, que tornaria tan de pressa com pogués. La gentil dama li va respondre que l'esperaria amb molt de gust.

Quan l'emperador va veure Diafebus, li va dir que ell i el conestable agafessin els diners dels presoners. Diafebus li mostrà el seu agraïment. Tot seguit, Diafebus va demanar al Gran conestable que els portés ell, al·legant ignorància, que no sabia comptar. I l'emperador els va ordenar que marxessin abans no s'acabés el dia. Diafebus se'n tornà a la cambra i va trobar la seva senyora pensativa i amb llàgrimes als ulls, per tal com sabia que l'emperador l'havia cridat perquè partís. Diafebus, en veure-la sofrir així, la va consolar dient-li que a ell encara li sabia més greu haver de marxar.

Mentre s'estaven consolant, va entrar la princesa, que venia de la torre del tresor, vestida amb una camisa i faldilles de domàs blanc, i amb els cabells escampats per les espatlles a causa de la gran calor que feia. En veure Diafebus, se'n va voler tornar, però ell li ho va impedir.

—Voleu que us digui una cosa? —va dir la princesa—. Tant se me'n dóna, ja que us considero com un germà.[18]

Va parlar Plaerdemavida i va dir:

—Senyora, no veu vostra Altesa la cara d'Estefania? Si sembla que hagi bufat al foc, que la seva cara és tan vermella com la rosa de maig. Jo crec que les mans de Diafebus no han estat gaire ocioses mentre nosaltres érem dalt de la torre. Ja la podíem anar esperant! I ella s'estava aquí amb la cosa que més estima. Tant se val el mal de costat!, que si jo tingués enamorat també m'hi divertiria com feu vosaltres. Però sóc dona eixorca que no tinc ningú que em vulgui. Diafebus, sabeu qui estimo de tot cor? Hipòlit, el patge de Tirant. I si fos cavaller, encara el voldria més.

—Jo us prometo —va respondre Diafebus— que, en la primera batalla en la qual jo participi, ell aconseguirà tot l'honor de cavalleria.

I van continuar fent broma una bona estona. Va dir la princesa:

—Germà Diafebus, voleu que us digui una cosa? Quan miro al meu voltant i per tots els racons del palau i no veig Tirant, el meu cor es mor: si el pogués veure, la meva ànima experimentaria un gran consol. Tanmateix, penso que moriré amb aquest desig. Però

---

18. Carmesina no va prou vestida i per això se'n vol tornar. Quan Diafebus li ho impedeix, ella treu erotisme a la situació amb aquest comentari.

hi ha una cosa que m'alleuja: encara que passi neguits, no em dol, perquè estimo un cavaller coratjós, ple de virtuts. I el que més em satisfà és la seva generositat, que, segons m'ha dit el Gran conestable, li ocasiona una gran despesa. Això és el que esdevé als senyors que mostren una gran prodigalitat: han de perseverar en aquesta manera de fer. I, com que veig que Tirant no té en aquesta terra ni béns ni heretatge, no voldria per res que el seu honor en sortís perjudicat: jo li vull ser com un pare i una mare, germana i filla, enamorada i muller. I per això, germà meu, li portareu moltes recomanacions i, enmig d'elles, embolicada, que ningú no ho sàpiga ni ho vegi, mitja càrrega[19] d'or per tal que pugui desprendre amb comoditat. I ara venia, amb Plaerdemavida, de pesar-lo i posar-lo en sacs. Quan sigui l'hora de sopar, feu venir la vostra gent; i si jo no hi sóc, Estefania o Plaerdemavida us el donaran. Digueu-li de part meva que no s'estigui de res que incrementi el seu honor, perquè el seu honor és el meu. I quan l'hagi gastat tot, jo li'n donaré més, que no consentiré que ni ell ni els seus passin privacions. Si jo hagués de filar al torn per a sostenir el seu honor, ben cert que ho faria; o si el pogués ascendir al més alt grau amb la meva sang, de molt bon grat ho faria, així m'ajudi Déu; perquè la realització de les coses futures depèn de la fortuna. I com que d'un bé en neix el principi d'un altre, les meves circumstàncies ho deixen tot a la seva voluntat. Per aquesta raó, he fet que el senyor emperador li doni el títol de comte. Mireu què va dir l'altre dia la Viuda Reposada: atès que estimava Tirant, que li concedís el títol que tenia. Tots els dies de la meva vida recordaré els mots que em va dir. Una tia que jo tenia em va deixar, en el seu testament, un comtat que es diu de Sant Àngel. Per això, jo vull que Tirant el tingui i que s'anomeni comte de Sant Àngel: almenys si senten o saben que estimo Tirant, diran que estimo un comte i em servirà com a justificació, perquè tinc confiança plena en el seu valor.

---

19. *càrrega*: unitat de mesura que té diferents valors segons l'objecte mesurat. En el capítol següent sabem que els dóna dos quintars d'or, és a dir, uns vuitanta-tres quilos.

Quan Diafebus va sentir que la princesa deia paraules amb tant d'amor, es va sorprendre i va dir:

–Per Déu, senyora, no sé com agrair ni correspondre als honors i prosperitats que la vostra Majestat fa a Tirant, per bé que la seva vàlua és molta i que, per les seves virtuts, mereix més grans coses que no pas aquestes. Però s'ha de prendre en més gran estima per la gràcia i el gran amor amb què la vostra celsitud ho ha dit. Ja ho diu el proverbi, que no dóna qui té, sinó qui en té el costum. I, d'acord amb la procedència, veig que les donacions són d'aquesta mena: qui atenyi la vostra Altesa serà benaventurat. Per aquesta raó, us demano, de part d'aquell famós cavaller i, després, de tota la seva parentela, que em feu el favor de deixar que us besi les mans i els peus.

Estefania no es va poder estar més sense parlar, per causa del gran amor que sentia, i va dir:

–No m'impedeix de marxar amb Diafebus sinó la vergonya, que procedeix del menyscabament de la gentilesa, perquè cometria una gran infàmia en el meu honor, encara que ho fes amb permís de la vostra Altesa, atès que m'ha fet enveja el que feu per aquell gloriós mestre seu, Tirant el bo. Així doncs, he d'imitar la vostra excel·lència fent donació de tot el que tinc a Diafebus, que és aquí present.

Tot seguit, es va aixecar d'allà on era i va entrar a la seva cambra. I va escriure un albarà,[20] se'l va posar al pit i va tornar on era la princesa.

En aquest espai de temps que Estefania se'n va anar per escriure, Diafebus va suplicar molt a la princesa que la hi deixés besar. Però la princesa no hi va consentir. I Diafebus li va tornar a dir:

–Senyora, com que les nostres voluntats són contràries, és raonable que també ho siguin les actuacions. I d'aquí ve la dita: que quan un no vol, dos no es barallen. Això ens podria passar a nosaltres per culpa de la vostra Majestat, si no canvieu de llenguatge. Fins ara us he estat un servidor fervent, que si la vostra Altesa

---

20. *albarà*: document públic o privat en què consta un permís o una obligació.

m'hagués comprat com si fos un presoner, no m'hauríeu pogut manar més del que ara heu fet, ja que anava amb els ulls embenats. Perquè si tingués cent vides, i no només una, totes cent les arriscaria per fer-vos algun servei, per perillós que fos. I la vostra celsitud no vol acontentar el meu esperit de llibertat amb una mica de fruita! Busqueu d'ara endavant un altre germà o servidor que us obeeixi com jo. I no pensi l'Altesa vostra que digui mai res a Tirant de part vostra, ni encara menys li portaré els diners. De seguida que arribi al camp, m'acomiadaré i tornaré a la meva terra. Però algun dia encara us doldreu de la meva absència.

I quan estava acabant de parlar, l'emperador va entrar a la cambra i va demanar a Diafebus per què no ho enllestia tot per tal de marxar abans no acabés el dia.

–Senyor –va dir Diafebus–, ara mateix vinc de la posada i tots estem preparats per marxar.

L'emperador el va treure de l'habitació i se'l va emportar a passejar juntament amb el conestable, mentre els recordava el que havien de fer.

–Ai trista de mi! –va dir la princesa–. Com s'ha enutjat Diafebus! Crec que ja no voldrà fer res per mi. Si que tinc mala sort, que tots aquests francesos són mig desesperats. Tu, Estefania, prega-li, per caritat, que no estigui tan enfadat.

–Així ho faré –va dir Estefania.

Va parlar Plaerdemavida i digué:

–Oh, senyora, sou ben estranya! En temps de guerra, no sabeu conservar l'amistat dels cavallers. Exposen els seus béns i a si mateixos per defensar la vostra Altesa i tot l'imperi, i per un petó us queixeu tant! Quin mal hi ha a besar? Que ells, a França, no hi donen més importància que si es donessin la mà. I si us volien besar, i encara si us posaven les mans sota les faldilles, ho hauríeu de permetre en aquest temps de gran necessitat i, quan hi hagi pau, hauríeu de fer del vici virtut.[21] Bona dona, bona dona, que

---

21. Plaerdemavida transforma el proverbi «fer de la necessitat virtut» en «fer del vici virtut». Segons la interpretació que en fa Renedo, pretén que Carmesina per-

equivocada esteu! En temps de guerra es requereixen armes, però en temps de pau no calen ballestes.

Mentre donaven aquestes raons, Estefania no hi era; però la princesa va anar a l'habitació on era i li va pregar que el fes venir:

—Perquè em fa por que no se'n vagi tal com ha dit. I si ell se'n va, no serà estrany que Tirant també se'n vagi. I encara que aquell virtuós no se n'anés per amor a mi, se n'anirien molts altres; de manera que, pensant guanyar, perdrem.

—Senyora, ho voleu fer massa bé —va dir Plaerdemavida—. No hi envieu ningú: aneu-hi vós amb l'excusa de veure l'emperador. Doneu-li conversa i de seguida li passarà l'enuig.

La princesa va anar ràpidament on era el seu pare i els va trobar parlant. Quan hagueren parlat prou, la princesa va agafar de la mà Diafebus i li va demanar que no s'enfadés. Diafebus va respondre:

—Senyora, he assajat tots els arguments amb vostra Altesa, veient que teníeu bona fe. Creia que vós acceptaríeu la meva petició tenint en compte la incertesa i els perills de l'esdevenidor, ja que d'aquestes coses se n'obté més satisfacció veient-les que no pas fent-les. La vostra Majestat ha actuat com sant Pere, que, quan fugia per no morir a Roma, va tornar a causa de l'aparició i es va adonar de la seva falta amb l'ajuda dels altres. D'aquestes dues coses se n'extreu una: besar o comiat. Un cop acomplerta la meva voluntat, podreu disposar de mi.

—Si la vergonya obtinguda pels mals actes fos honor —va dir la princesa—, jo seria la donzella més benaventurada del món en permetre el que molts desitgen; en canvi, si l'honor ocasionés vergonya, com que no heu volgut esperar aquell que té la meva ànima presonera, no us causaran cap oprobi aquelles paraules que el vostre honor tant demanen: besar, besar.

Quan la princesa va acabar de dir les darreres paraules, Diafebus es va agenollar a terra i li va besar les mans. Després, es va

---

meti que Diafebus besi Estefania (el vici) perquè després, en temps de pau, el vici esdevingui virtut, és a dir, matrimoni.

acostar a Estefania i la va besar a la boca tres vegades, en honor a la Santa Trinitat. Estefania va dir:

—Com que amb gran esforç i requeriment vostre, i per ordre de la meva senyora, jo us he besat, vull que per voluntat meva prengueu possessió de mi, però de cintura en amunt.

I Diafebus no va ser gens mandrós: li va posar de seguida les mans al pit i li va tocar les mamelles i tot el que va poder. Li va trobar l'albarà i, en imaginar que podia ser la carta d'algun altre enamorat, es va quedar parat, sense consciència.

—Llegiu el que trobareu escrit aquí —va dir Estefania—; i no estigueu alienat i tan pensatiu, per tal que els entesos no pensin que heu perdut el seny pel qual us condemneu i que teniu motiu per sospitar.

L'excelsa princesa va agafar l'albarà de la mà de Diafebus i el va llegir. Deia el següent.

CXLVII

L'ALBARÀ QUE VA ESCRIURE ESTEFANIA DE MACEDÒNIA A DIAFEBUS

«Cada dia, observant el gloriós passat, l'experiència ens mostra que la natura ha ordenat totes les seves coses sàviament. Havent aconseguit la llibertat de fer el que vulgui de mi, amb l'honestedat que solen tenir les donzelles, veuran i sabran els que llegeixin aquest albarà que jo, Estefania de Macedònia, filla de l'il·lustre príncep Robert, duc de Macedònia, de grat i a ciència certa, no obligada ni forçada, davant dels ulls de Déu i amb els sants Evangelis a les mans, prometo a vós, Diafebus de Muntalt, que amb aquestes paraules us prenc per marit i senyor, i us dono el meu cos generosament sense frau ni engany; i porto, en atenció al matrimoni, el ducat de Macedònia amb tots els drets que li pertanyen; encara més, porto cent deu mil ducats venecians, més tres mil marcs de plata obrada, joies i roba d'un valor estimat per la Majestat del senyor emperador i el seu sacre consell en vuitanta-tres mil ducats; i encara més, us porto la meva persona, que estimo més.

»I si em desdís d'això, vull ser perseguida per falsa i mentidera i que no pugui al·legar ni ajudar-me de cap llei que hagin dictat els nostres emperadors passats o presents, ni tan sols els de Roma; renunciant, així, a aquella llei de més valer que va dictar el gloriós emperador Juli Cèsar en favor de donzelles, viudes i pubilles.

»I, a més, renuncio al dret de cavalleria: que cap cavaller no entri per mi en camp clos, ni cap dona em gosi parlar; al contrari, que em puguin clavar la mà amb la cerimònia acostumada entre cavallers i dones d'honor.

»I perquè se'n pugui donar fe, poso el meu nom a sota signant amb la meva pròpia sang.

Estefania de Macedònia.»

[Resum dels capítols CXLVIII al CLXI]

Els turcs, molt afeblits, proposen que el rei d'Egipte lluiti a mort contra Tirant, però, si veuen que el rei perd, pensen matar Tirant a traïció. Ciprès de Paternò, un presoner cristià que fa de servent del soldà, se n'assabenta i decideix informar-ne el capità i actuar com a espia. Les diferències entre Tirant i el duc de Macedònia s'accentuen, i aquest el commina a abandonar la capitania dels exèrcits, cosa que no accepten de cap manera els cavallers del consell. Finalment, l'emperador es trasllada al camp per tal de solucionar aquests problemes. Carmesina, Estefania i un exèrcit de dones, vestides amb arnesos de cavallers, aprofiten per acompanyar l'emperador al front.

La gran batalla del riu Transimeno és a punt de començar. Tirant simula que les seves tropes es baten en retirada i, quan els turcs els persegueixen desordenadament, es reagrupen i els ataquen. La batalla és extremament cruel, cosa que aprofita el duc de Macedònia per intentar matar a traïció el capità. L'exèrcit cristià obté una gran victòria, tot i que no és definitiva perquè Diafebus desobeeix les ordres de Tirant i ataca abans d'hora. Diafebus se sent avergonyit per la seva actuació i no es recorda de comunicar les bones notícies a l'emperador, per això aquest darrer pensa que potser ha mort. Estefania se sent defallir i li envia una carta que farà que Tirant i Diafebus es reconciliïn.

L'emperador, en agraïment, vol concedir a Tirant el comtat de Sant Àngel i el títol de Gran conestable, però ell hi renuncia i demana que li siguin atorgats a Diafebus. I així es fa. Quan la princesa pregunta al capità per quina raó ha rebutjat el seu comtat, ell li respon que ho ha fet perquè s'adoni de l'honorabilitat de les seves intencions. Llavors, amb els ulls negats, li demana que li concedeixi un do.

Al castell de Malveí se celebren unes grans festes per celebrar la victòria.

CLXII

La resposta que va donar la princesa a Tirant

—Les llàgrimes a vegades es vessen amb raó, a vegades amb engany. La teva demanda és molt greu i amarga per a mi, perquè demanes una cosa que, raonablement, no es pot ni s'ha de fer, ja que a un mal principi no el pot seguir una bona fi. Si pensessis en el teu honor i en el meu, i m'estimessis tant com dius, no t'esforçaries tant per obtenir allò que t'ocasionaria tanta infàmia a tu i tanta vergonya a mi. Per què vas tan de pressa, si els teus sembrats encara són herba? Seria una gran follia exposar a la fortuna allò que no et pot fallar.

L'emperador es va acostar a la seva filla i ella no va poder seguir parlant. Ell hi va començar a conversar i parlant de moltes coses se'n van tornar al castell.

L'endemà al matí l'emperador va voler que diguessin la missa enmig d'una gran praderia, i va voler que Diafebus estigués entre ell i la seva filla. Un cop dita la missa, li va posar l'anell a la mà i li va fer un bes a la boca. Després, tots els trompetes van començar a tocar molt fort, i un rei d'armes va dir en veu alta: «Aquest és el molt insigne i virtuós cavaller comte de Sant Àngel i Gran conestable de l'Imperi grec.»

I, fet això, van començar les danses i les festes, i la princesa durant tot aquell dia només va ballar amb el Gran conestable. Quan va arribar l'hora de dinar, l'emperador va fer seure el Gran conestable a la seva dreta, els ducs seien a l'esquerra, i la princesa, davant del conestable. Tirant feia de majordom perquè era l'organitzador de la festa. En altres taules menjaven les donzelles; i davant d'elles menjaven els barons i cavallers. Després, venia tota la gent d'armes. I aquell dia, tots els presoners que hi havia menjaven en taules per tal d'honrar la festa. Tirant va voler que fins i tot els cavalls mengessin civada barrejada amb pa en aquella hora.

A mig dinar, Tirant va reunir els reis d'armes, heralds i porsavants i els va donar mil escuts en rals. Tots els trompetes anaven tocant i van anar davant la taula de l'emperador i van cridar:

—Generositat, generositat!

Després de dinar, es van servir molts confits de sucre. I van cavalcar tots armats amb les banderes del conestable, fent córrer llances davant de l'emperador. Van celebrar un esplèndid fet d'armes sense fer-se mal. D'aquesta manera, van anar fins al camp on solia estar el soldà i, amb una gran alegria, se'n van tornar.

Quan els va semblar que era hora de sopar, van fer la festa allà mateix, la qual va ser molt assenyalada i ben proveïda de viandes variades. Durant tot aquell sopar, Tirant va servir amb un semblant molt trist. La princesa va fer que s'apropés a ella i li va dir a l'orella:

—Digueu-me, Tirant, quina pena o mal passeu que es manifesta a la vostra cara? Digueu-m'ho, per pietat!

—Senyora, són tants els mals que sofreixo, que no es podrien determinar, perquè demà marxarà la celsitud vostra i jo, desgraciat, em quedaré amb la meva pena extrema pensant que no us veuré.

—Qui fa el mal –va dir la princesa– és just que passi la pena. Vós mateix us l'heu procurat en aconsellar a l'emperador que se'n tornés a la nostra ciutat amb tots els presoners. No havia vist mai que un home enamorat donés un consell tan dolent. Però si voleu que em faci la malalta quinze o vint dies, ho faré per vós; i estic segura que l'emperador es quedarà per mi.

–Però com ens ho farem –va preguntar Tirant– amb aquesta gran quantitat de presoners que tenim aquí? No sé trobar remei per al meu dolor. Algunes vegades desitjo verí i moltes altres anhelo morir amb un ganivet o de mort sobtada per tal que s'acabi aquesta pena.

–No féssiu pas això, Tirant –va dir la princesa–. Aneu a parlar amb Estefania a veure quin remei s'hi podrà posar que no em perjudiqui i que us sigui útil.

Tirant va anar ràpidament a explicar tots els seus mals a Estefania. I van acordar juntament amb el conestable que, quan tothom estigués tranquil i les donzelles dormissin, anessin tots dos a la cambra de Carmesina i allà veurien quin remei podien prendre per als seus sofriments. I així van quedar d'acord.

Quan fou de nit i va arribar l'hora, tots els del castell dormien, les donzelles s'havien ficat al llit i totes les dames dormien a part amb la Viuda Reposada, excepte cinc que reposaven en una cambra per on ells havien de passar (i a la recambra hi dormien la princesa i Estefania). I com que Plaerdemavida es va adonar que la princesa no es volia ficar al llit, tot i que li havia dit que se n'anés a dormir, i després va sentir que es perfumava, de seguida va pensar que celebrarien la festivitat de les bodes sordes.[22]

A l'hora fixada, Estefania va agafar una candela encesa, va anar al llit on dormien les cinc donzelles i se les va mirar una a una per veure si dormien. Plaerdemavida desitjava veure i sentir tot el que passés i es va entretenir per no adormir-se. I quan Estefania hi va anar amb el llum, va tancar els ulls i va fer veure que dormia. Un cop es va haver assegurat que totes dormien, Estefania va obrir la

---

22. *festivitat de les bodes sordes*: es tracta d'un matrimoni secret en el qual les dues persones s'uneixen carnalment amb la promesa que, més endavant, es casaran. Les bodes sordes van ser habituals fins al concili de Trento (segle XVI) i constitueixen un tema cavalleresc recurrent en la narrativa medieval.

porta sense fer soroll, a fi que ningú no ho sentís, i ja es va trobar a la porta els dos cavallers que estaven esperant amb més devoció que els jueus el Messies.

En passar, va apagar el llum; es va situar la primera, va prendre el conestable per la mà i Tirant va seguir el conestable. I així van trobar la porta de l'habitació on hi havia la princesa, la qual els estava esperant sola.

I diré com la van trobar vestida: portava una gonella de domàs verd amb tot el contorn calat i tota brodada de perles molt grosses i rodones; duia un collaret tot de fulles d'or esmaltades i de cada fulla en penjaven robins i diamants; al cap, sobre els cabells daurats, portava una diadema adornada de moltes fulles, que resplendia molt.

Quan Tirant la va veure tan ben vestida, li va fer una gran reverència i, de genolls, li va besar les mans moltes vegades. I es van dir moltes paraules amoroses. Quan els va semblar que era hora d'anar-se'n, es van acomiadar i se'n van tornar a la seva cambra. Qui va poder dormir aquella nit, uns per amor, altres per dolor?

Tan aviat com es va fer de dia, tothom es va llevar perquè aquell dia l'emperador havia de marxar. Plaerdemavida, quan es va llevar, va anar a l'habitació de la princesa i la va trobar que es vestia; i va veure que a Estefania, que estava vestida de qualsevol manera i asseguda a terra, les mans no la volien ajudar a lligar-se el barret: estava tan abatuda, tota plena de deixeu-me estar i amb els ulls tan entelats que amb prou feines hi podia veure.

–Ah, santa Maria val! –va dir Plaerdemavida–. Digues, Estefania, quin és aquest comportament? Què et fa mal? I jo aniré a buscar els metges perquè vinguin a donar-te salut.

–No cal –va respondre Estefania–, que el meu mal aviat serà guarit, que no és sinó mal de cap: anit l'aire del riu em va fer mal.

–Vigila –va replicar Plaerdemavida– què dius, ves que no et moris. Si ho fas, la teva mort serà criminal. Vés amb compte que no et facin mal els talons,[23] per tal com he sentit dir als metges que a

---

23. Segons els metges als quals ha consultat Plaerdemavida, el desig sexual femení s'inicia als talons i, després, fa el recorregut que especifica.

nosaltres, les dones, el primer dolor ens ve a les ungles; després als peus; puja als genolls i a les cuixes; i a vegades entra en el secret, i aquí dóna un gran turment; i d'aquí puja al cap, torba el cervell i d'aquí s'engendra el mal de caure. I no et pensis que aquesta malaltia vingui sovint. Segons diu el gran filòsof Galè, metge molt subtil, només ve una vegada a la vida; i, per bé que és un mal incurable, no és mortal, però hi ha molts remeis per a qui se'n vulgui servir. Això que acabo de dir és bo i veritable, i per això no t'has de sorprendre si conec les malalties, que, si m'ensenyes la llengua, jo et sabré dir quin mal tens.

Estefania li va ensenyar la llengua. Quan Plaerdemavida l'hagué vista, li va dir:

—Jo renegaria de tot allò que el meu pare em va ensenyar si tu no has perdut sang aquesta nit.

Estefania va respondre ràpidament:

—És veritat: me n'ha sortit del nas.

—Jo no sé si és del nas o del taló —va replicar Plaerdemavida—, però heu perdut sang, i per aquesta raó podreu donar fe a mi i a la meva ciència que el que diré serà veritat. I si la Majestat vostra, senyora, voldrà que us reciti un somni que he tingut aquesta nit, ho faré de grat, amb la condició que, si dic alguna cosa que ofengui l'Altesa vostra, el perdó no em sigui denegat.

La princesa havia sentit molt de plaer en les paraules de Plaerdemavida i amb grans rialles li va dir que expliqués el que volgués, que ella li perdonava la pena i la culpa amb autoritat apostòlica. I Plaerdemavida va començar a explicar el seu somni amb aquestes paraules.

CLXIII

El somni que va tenir Plaerdemavida

–Diré a la Majestat vostra tot el que he somiat. Quan jo dormia en una de les cambres principals en companyia de quatre donzelles, vaig veure que Estefania venia amb una candela encesa, per no fer gaire llum, i venia al nostre llit i mirava si dormíem. I ens va veure dormir a totes. Jo estava alienada, que no sé si dormia o si vetllava. I vaig veure en somnis com Estefania va obrir la porta de la cambra molt suaument perquè no fes soroll, i va trobar el meu senyor Tirant i el conestable, que ja estaven esperant. Anaven en gipons,[24] amb capes i espases, i calçaven peücs de llana per no fer soroll en caminar. Quan hagueren entrat, ella va apagar el llum i es va posar la primera, amb el conestable de la mà; després venia el virtuós. Ella en aquella situació semblava un mosso de cec, i els va introduir dins la vostra cambra. I vostra Altesa estava ben perfumada, i no mal ataviada, vestida i no despullada. Tirant us tenia als seus braços i us portava per la cambra besant-vos molt sovint, i la vostra Altesa deia: «Deixa'm, Tirant, deixa'm!» I ell us posava sobre el llit de repòs.[25] –I Plaerdemavida es va acostar al llit i va dir: «Ai, llit! I qui us ha vist i qui us veu ara, que esteu sol, desacompanyat, sense cap profit! On és aquell que estava aquí quan jo somiava?» I em va semblar que em llevava en camisa, que anava fins a aquell forat de la porta i que mirava tot el que fèieu.

Va dir la princesa:

–Has somiat més?

Li ho deia amb moltes rialles i amb gran plaer.

–Sí, santa Maria! –va dir Plaerdemavida–. Jo us ho acabaré d'explicar tot. Vós, senyora, agafàveu un llibre d'hores i dèieu: «Tirant, jo t'he deixat venir aquí per donar-te una mica de repòs,

---

24. *gipó*: peça de vestir, amb mànigues, ajustada i cenyida al cos, i que cobreix el tronc des dels muscles fins a la cintura.

25. *llit de repòs*: canapè, seient allargassat amb els braços i el respatller entapissats.

pel gran amor que sento per tu.» I Tirant dubtava de fer allò que l'Altesa vostra li deia. I vós dèieu: «Si tu m'estimes, per res no t'has d'estar de treure'm el temor pels dubtes futurs. Aquest compromís que he adquirit pel teu amor no és convenient per a una donzella de tan elevada posició com sóc jo. No em deneguis el que et demano, ja que la castedat en la qual jo he viscut, lliure de pecat, és lloable. És pels precs d'Estefania que has obtingut aquesta amorosa gràcia, que m'ha deixat ardent d'amor digne. Per la qual cosa et prego que et vulguis acontentar amb la gràcia que has aconseguit sota la responsabilitat i la culpa d'Estefania.» «Veig passar a la vostra Majestat», deia Tirant, «una extrema i desmesurada angoixa, que preneu armes contra els que us ofenen, i per això sereu condemnada per tots aquells que senten l'amor. Amb tot, no vull que desconfieu que jo falti a la meva paraula. I amb gran confiança creia que us avindríeu a la meva voluntat sense témer els perills futurs. Com que no plau a la vostra Altesa i em voleu fatigar tant, estaré content de fer tot allò que serà plaent a la Majestat vostra». «Calla, Tirant», deia l'Altesa vostra, «i no t'angoixis per res, perquè la meva noblesa es troba sota el teu amor.» I li fèieu jurar que no us enutjaria contra la vostra voluntat: «I si es donés el cas que ho volguessis cometre, el mal i l'angoixa que em causaries no seria poc; seria tant que em lamentaria de tu tots els dies de la meva vida, perquè quan la virginitat és perduda no és reparable.» I totes aquestes coses he somiat que dèieu vós a ell i ell a vós.

»Després, en somnis, vaig veure com ell us besava molt sovint i us va desfer la clotxeta[26] dels pits i com us besava amb molta pressa les mamelles. I quan us va haver ben besat, us volia posar la mà sota la faldilla per buscar-vos les puces. I vós, la meva bona senyora, no ho volíeu consentir; que dubto que si ho haguéssiu consentit, no hagués perillat el jurament. I la vostra Altesa li deia: «Temps vindrà que allò que tant desitges estarà a la teva disposició, i la virginitat que conservo serà per a tu.» Després

---

26. *clotxeta*: peça de tela que servia per a cobrir i sostenir els pits de les dones.

va posar la seva cara sobre la vostra, i amb els braços sobre el vostre coll i els vostres en el seu, lligats com els sarments en els arbres, prenia de vós petons amorosos. Somiant, també vaig veure que Estefania estava sobre aquell llit amb les cames que, segons el meu parer, li veia blanquejar, i deia sovint: «Ai, senyor, quin mal que em feu! Tingueu pietat de mi i no em vulgueu matar del tot.» I Tirant li deia: «Germana Estefania, per què voleu incriminar el vostre honor amb aquests crits? No sabeu que sovint les parets tenen orelles?» I ella agafava el llençol i se'l posava a la boca, i amb les dents l'estrenyia fort per no cridar. Però, al cap d'una estona, no es va poder estar de fer un crit: «Trista, què faré? El dolor m'obliga a cridar i, segons que veig, heu decidit de matar-me.» Llavors el conestable li va tancar la boca. I la meva ànima, quan sentia aquell saborós lament, es planyia de la meva desventura, per tal com jo no era la tercera amb el meu Hipòlit. Encara que jo sigui poc refinada en les coses de l'amor, el meu esperit va adonar-se que aquí es devia trobar la fi de l'amor. La meva ànima va experimentar alguns sentiments d'amor que ignorava, i es va doblar la passió pel meu Hipòlit, perquè jo no participava en aquells besos, així com ho feien Tirant amb la princesa, i el conestable amb Estefania. I com més hi pensava, més dolor sentia. I em sembla que vaig agafar una mica d'aigua i em vaig rentar el cor, els pits i el ventre per posar remei al meu dolor. I, mentre el meu esperit mirava pel forat, al cap de poca estona Estefania va estendre els braços, abandonant-se i retent les armes, però va dir: «Vés-te'n, cruel amb poc amor, que no tens pietat ni misericòrdia de les donzelles fins que els has violat la castedat. Oh, sense fe! De quina pena seràs digne, si jo no et vull perdonar? I com més em planyo de tu, més t'estimo. On és la fe que tu m'has trencat? On és la teva mà dreta ajuntada amb la meva? On són els sants que testifiquin, els quals ahir foren esmentats per la teva falsa boca, que em vas prometre que no em faries mal i que no m'enganyaries? Has tingut una gran gosadia en voler robar deliberadament la despulla de la meva virginitat, sent tu un home de tanta autoritat; i per tal que la meva queixa sigui més coneguda...», va cridar a la princesa i a Tirant i els va mostrar la camisa mentre deia: «Aquesta sang meva, per força, l'ha de reparar l'amor.» I deia tot això amb els ulls plens de llàgrimes. Després va dir: «Qui s'agradarà de mi, ni qui es fiarà de mi, si no m'he sabut guardar a mi mateixa? Com vigilaré una donzella que em sigui encomanada? Només em consola una cosa: que no he fet res que perjudiqui l'honor del meu marit, sinó que he complert la seva voluntat a desgrat meu. A les meves bodes no hi han vingut els cortesans, ni el capellà no s'ha vestit per dir missa. No hi han vingut ni la meva mare ni les meves parentes. No m'han hagut de treure les robes ni vestir-me amb la camisa nupcial. No m'han pujat al llit per força, que jo sola hi he sabut pujar. Els ministrers no han hagut de tocar ni de cantar, ni els cavallers cortesans de dansar, perquè han estat unes bodes sordes. Però tot el que he fet ha estat per a la satisfacció del meu marit.» Estefania deia moltes coses d'aquest tipus. Després de tot això, quan ja es feia de dia, la vostra Majestat i Tirant la consolàveu tan bé com podíeu. Al cap d'una estona, quan els galls van tornar a cantar, la vostra Altesa va pregar humilment a Tirant que se'n volguessin anar, perquè no fossin vistos per ningú del castell. I Tirant suplicava a la vostra Altesa que li féssiu la gràcia d'alliberar-lo d'aquell jurament, per tal que pogués obtenir el victoriós triomf que desitjava, tal com l'havia obtingut el seu cosí. Però la vostra Excel·lència no ho va voler, sinó que va sortir victoriosa de la batalla. I quan ells se'n van haver anat, em vaig despertar i no vaig veure res, ni Hipòlit ni ningú. Llavors, com que em vaig trobar els pits i el ventre mullats, vaig començar a pensar que el somni potser devia ser veritat. El dolor em va augmentar tant que donava voltes pel llit com fa el malalt que és a punt de morir i no troba el camí, per la qual cosa vaig decidir d'estimar Hipòlit amb cor verdader. I passaré la meva entristida vida com Estefania. Estaré amb els ulls tancats i ningú no hi posarà remei? L'amor m'ha torbat tant els sentiments que sóc morta si Hipòlit no m'ajuda.

Almenys que passés la meva vida dormint![27] Per cert, és dolorós despertar quan se somia un bon somni.

Les altres donzelles es van llevar i van entrar dins la cambra per ajudar a vestir la seva senyora. Després de la missa, l'emperador va marxar amb tots el barons de Sicília, i el duc de Pera amb tots els presoners. I Tirant i el conestable els van acompanyar ben bé una llegua. L'emperador els va dir que se'n tornessin. I, com que ja els ho havia dit una altra vegada, es van veure obligats a fer-ho. Després que Tirant es va haver acomiadat de l'emperador i dels barons, es va acostar a l'excelsa princesa i li va dir si la seva Majestat li manava res que ell pogués fer. La princesa es va alçar el vel que li cobria la cara, i els seus ulls no es van poder estar de llançar vives llàgrimes, i no li va poder dir altra cosa que:

—Serà... —ja que les paraules li van mancar i es van convertir en sanglots i sospirs espessos a causa de la separació. Ella va deixar caure del tot el vel damunt la seva cara per tal que ni l'emperador ni tota l'altra gent s'adonessin d'aquest moment de debilitat.

No se sap que hagi esdevingut mai un cas semblant a cap cavaller com el que va passar a Tirant, el qual, havent-se acomiadat de la princesa, va caure del cavall a terra perquè cavalcava fora de si. Però, tan ràpidament com va caure, es va aixecar, i va alçar la pota del cavall dient que tenia mal. L'emperador i molts d'altres, que ho van veure, van anar corrents envers ell. I Tirant feia veure que mirava el peu del cavall.

L'emperador va dir:

—Tirant, com és que heu caigut així?

I Tirant li va respondre:

—Senyor, m'ha semblat que el meu cavall es queixava. M'he acotat una mica per veure el seu mal i, amb el pes de l'arnès, s'ha

---

27. Martorell parafraseja el vers 18 del poema I d'Ausiàs March: *e que passàs ma vida en dorment*. La citació, posada en boca de Plaerdemavida, adquireix un to irònic que no té el poema original, en el qual March es lamenta amargament que el seu pensament el turmenta. Ausiàs March va estar casat amb Isabel Martorell i va mantenir un litigi amb Joanot Martorell perquè aquest darrer no li pagava el dot.

trencat el gambal.[28] Però, senyor, no és pas estrany que un home caigui: si un cavall té quatre potes i cau, com no ho ha de fer un home, que només en té dues.

Va tornar a cavalcar de seguida i cadascú va seguir el seu camí. La princesa, com que estava plorant, no va voler tornar, però va demanar a Estefania què li havia passat, a Tirant. I ella li ho va explicar de la mateixa manera que havia respost a l'emperador.

–Certament –va dir la princesa–, això que li ha passat és a causa de la meva partida. I els temors que he tingut quan m'he trobat sola tan aviat s'han esvaït i han augmentat el dolor que jo sentia. [...]

[Resum dels capítols CLXIII (fragment restant) al CLXXXVIII]

Abans de la celebració de les festes al castell de Malveí (capítol CLXII), Ciprès de Paternò ja havia informat Tirant que el Gran Caramany i el rei de la sobirana Índia estaven a punt d'arribar amb set naus ben proveïdes: és hora, doncs, que els exèrcits cristians es preparin per a la batalla marítima.

La inferioritat numèrica dels grecs és evident, però el capità, que sap escoltar i valorar els coneixements dels seus homes (i d'algun presoner agraït), planeja una estratègia que li proporcionarà una victòria aclaparadora. Quan, finalment, els seus homes escorcollen la nau vençuda, es troben el Gran Caramany i el rei de la sobirana Índia amagats en una cabina i tapats amb un llençol: esperen la seva mort. Tirant, però, els anuncia que, gràcies a la magnanimitat de l'emperador, se'ls perdonarà la vida i se'ls endú presoners.

L'heroi, per la seva banda, ha de fer repòs perquè les ferides que s'ha fet durant la batalla naval se li curin. Cada dia el van a veure Carmesina i les altres donzelles. També hi va la Viuda Reposada, moguda més per la passió amorosa que sent per Tirant, que no pas per pietat.

---

28. *gambal*: corretja que manté l'estrep penjat a la sella.

El soldà envia els seus ambaixadors a Constantinoble amb les demandes següents a canvi de la pau: una treva de tres mesos, pagar un rescat pel Gran Caramany i pel rei de la sobirana Índia i, finalment, que Carmesina es casi amb ell. L'emperador només accepta de signar una treva. Alguns dels seus consellers no veuen amb mals ulls que Carmesina es casi amb el monarca enemic. Tirant està profundament trasbalsat davant la possibilitat de perdre Carmesina, però ella el tranquil·litza. L'emperador organitza unes festes en honor dels ambaixadors, a les quals no assisteix Diafebus. Estefania li envia una carta lamentant la seva absència i Diafebus li respon que el seu amor és ferm.

CLXXXIX

Les grans festes que l'emperador va fer per amor dels ambaixadors del soldà

Feta la lletra, la va donar a l'escuder que la hi havia portat, dient-li:

—Amic, digues a la teva senyora que tinc una gran càrrega d'afers, i que no sóc lliure de poder-los deixar sense el manament d'un superior; però que, passada la festa que organitza el senyor emperador, jo faré tot el possible per ser-hi. Besa les mans en nom meu a aquella que és plena de virtuts i, després, a la senyora a qui pertanyo.

L'escuder es va acomiadar i va anar de dret cap a la ciutat de Constantinoble. Quan va haver arribat al palau, es va dirigir cap a l'habitació, i hi va trobar Estefania i la princesa per parlaven. Quan el van veure, aquella a qui tocava el premi es va aixecar ràpidament i amb cara molt alegre li va dir:

—Què se n'ha fet d'aquell que té el meu pensament sotmès a la seva voluntat?

I ell, sense respondre res, va anar on era la princesa i li va besar la mà; després es va girar envers Estefania i va fer el mateix, i li va donar la lletra que portava; i quan Estefania la va tenir a les mans, la va alçar cap al cel en senyal d'ofrena. Un cop llegida la lletra, totes dues van seguir discutint i Estefania es lamentava perquè el conestable no hi seria durant les festes, ja que l'escuder no va descobrir la veritat de la seva fictícia visita.

Arribat el dia de la festa, el conestable va venir a una llegua de la ciutat, en secret, i es va aturar allí fins a l'endemà. Estefania no volia anar de cap manera a la festa, perquè no hi era qui ella estimava. I la princesa li va pregar moltes vegades que hi assistís, i li deia que, si no hi anava, ella tampoc no ho faria i que totes les festes s'espatllarien. Tant hi va insistir, que Estefania hi va haver d'anar per força.

Un cop dites les misses amb gran cerimònia, van anar al mercat, el qual van trobar cobert de dalt a baix de draps de llana blancs, verds i morats; i les parets estaven folrades amb tapissos francesos de ras i, al voltant del mercat, hi havien parat tot de taules. El palli de l'emperador era molt ric i puixant, tot fet de draps de brocat. I l'emperador es va asseure al mig i els ambaixadors a prop seu. A dalt, al cap de taula, seia l'emperadriu amb la seva filla. I el Gran Caramany i el rei de la sobirana Índia menjaven a baix, a terra, perquè eren presoners. Les donzelles i totes les dones d'honor seien a la part dreta. I totes les dones de la ciutat que volien menjar ho podien fer. Estefania seia al cap de taula, i les altres a continuació d'ella. Tots els ducs i grans senyors seien a la part esquerra. Havien parat vint-i-quatre tinells[29] tots plens d'or i de plata. En el primer tinell hi havia totes les relíquies de la ciutat; en el segon, tot l'or de les esglésies; tot seguit venien deu tinells tots plens de cabassos i grans paneres amb tot el tresor de l'emperador, tots plens de monedes d'or; i després venien les copes d'or; seguidament venien tots els plats i salers; després, les seves joies; després d'això, la plata, que consistia en gerros i salers daurats. La vaixella blanca s'usava per al servei de taula. I els vint-i-quatre tinells eren

---

29. *tinell*: moble de luxe destinat a guardar i a exposar les vaixelles dels grans senyors que era posat generalment a les sales de recepció.

plens de tot això. Cada tinell era protegit per tres cavallers vestits amb robes de brocat que s'arrossegaven per terra, i cadascun d'ells duia una vara de plata a la mà. Molta va ser la riquesa que aquell dia va mostrar l'emperador. Enmig de les taules on menjaven hi havia el reng de junyir.[30]

Aquell dia eren mantenidors del camp el capità, el duc de Pera i el duc de Sinòpoli. Mentre l'emperador dinava, aquells junyien. Primerament va sortir el duc de Pera. Portava paraments de brocat d'or, tots blaus. El duc de Sinòpoli portava els paraments de brocat verd i gris fosc, meitat i meitat. Tirant portava uns paraments de vellut verd, tots coberts de ducats que penjaven, tan grans que cada ducat d'aquells valia trenta ducats dels altres, i que eren d'un gran valor.

Tirant, un dia, anant a la porta de la cambra de la princesa, va trobar Plaerdemavida i li va demanar què feia la senyora princesa. I ella, responent, va dir:

—Ai, en beneit! Per què ho voleu saber, vós, què fa la meva senyora? Si haguéssiu vingut abans, l'hauríeu trobat al llit. I si vós l'haguéssiu vista com l'he vista jo, la vostra ànima seria en la glòria perdurable. Que allò que s'estima, com més es veu més es desitja. I per això crec que comporta un major plaer mirar que pensar. Entreu, si voleu, que ja la trobareu vestida amb el brial. Es rasca el cap i li couen els talons,[31] ja que el temps és més bo i es disposa als nostres plaers. Per la mateixa raó ens alegrem totes. I per això us vull parlar del meu desig futur: per què no ve amb vós el meu Hipòlit? Que el veig sovint amb ulls de dolorosos pensaments. Pensar això em dol ja que cap bé present no s'ha de deixar per al futur, ni tampoc sofrir un mal per tal d'obtenir un bé futur.

—Donzella —va dir Tirant—, us prego que, per gentilesa, em digueu de veritat si la senyora emperadriu, per mala sort, és dins,

---

30. *reng de junyir*: camp clos disposat per a tenir-hi un combat.

31. Les paraules de Plaerdemavida no s'entenen si no es té en compte la conversa entre Plaerdemavida i Estefania que es produeix l'endemà que hagi celebrat bodes sordes (capítol CLXII).

o bé alguna altra persona de qui jo hagi de recelar. Per això us demano consell i ajuda, que no em podeu denegar.

–Jo, a la Senyoria vostra –va dir Plaerdemavida–, no diria una cosa per altra, ja que tots dos tindríem la mateixa responsabilitat: vostra mercè per venir i jo per deixar-vos entrar. I jo sé prou bé que la princesa no vol que l'amor que vós li teniu no tingui cap recompensa; i, com que veig que teniu un gran apetit de la cosa desitjada, us hi voldria poder ajudar, ja que qui desitja i no pot satisfer el seu desig es troba en pena. I no hi ha res més fàcil de perdre que aquesta cosa, l'esperança de la qual no podrà tornar.

Llavors Tirant va entrar dins la cambra i va trobar la princesa que tenia els seus cabells daurats embolicats a la mà. Quan ella el va veure li va dir:

–Qui us ha donat el dret d'entrar aquí? No és convenient ni t'és permès d'entrar a la meva cambra sense el meu permís, ja que, si l'emperador ho sabés, et podrien acusar de deslleialtat. Et prego que te'n vagis, que el meu pit tremola contínuament per temoroses sospites.

Però Tirant no va fer cas de les paraules de la princesa, sinó que se li va acostar, la va agafar en braços i li besà moltes vegades els pits, els ulls i la boca. I les donzelles, quan veien que Tirant jugava així amb la senyora, no feien res; però quan ell li posava la mà sota la faldilla, totes corrien a ajudar-la. I, estant en aquests jocs i burles, van sentir que l'emperadriu venia a la cambra de la seva filla per veure què feia. I, amb els jocs, no la van sentir fins que no era a la porta.

Ràpidament, Tirant es va estirar a terra i li van llançar roba per sobre. I la princesa es va asseure damunt d'ell. S'estava pentinant i l'emperadriu es va asseure al seu costat. Va anar de poc que no s'assegués sobre el cap de Tirant. Només Déu sap quanta por a la vergonya tenia Tirant en aquell cas! I va estar amb aquesta angoixa una bona estona mentre parlaven de les festes que s'havien de fer, fins que va venir una donzella amb el llibre d'hores. Llavors l'emperadriu es va aixecar i es va retirar a un cantó de la cambra per resar les seves oracions. La princesa no es va moure d'allà per por que l'emperadriu no el veiés. Quan la princesa es va haver pentinat, va posar la mà sota la roba i pentinava Tirant. I ell li besava la mà i li prenia la pinta molt sovint. I estant amb aquesta angoixa, totes les donzelles es van posar davant l'emperadriu, i llavors, sense fer gaire soroll, Tirant es va alçar i se'n va anar amb la pinta que la princesa li va donar.

Un cop fora de la cambra, quan pensava que ja era en lloc segur i que no seria vist per ningú, va veure venir l'emperador amb un cambrer, i anaven de dret a la cambra de la princesa. Quan Tirant els va veure venir, no les va tenir totes. Com que venien per una gran sala, Tirant no va tenir altre remei que tornar-se'n apressadament a la cambra de la princesa, i li va dir:

—Senyora, quin remei em donareu, que l'emperador ve?

—Ai, trista! –va dir la princesa–. Sortim d'un mal i anem a caure en un altre de pitjor. Jo bé que us ho deia, que veniu sempre a deshora.

Ràpidament va fer posar les donzelles davant l'emperadriu i, amb passos silenciosos, el van ficar dins una altra cambra, i li van posar molts matalassos a sobre, perquè si l'emperador hi entrava, tal com feia moltes vegades, no el veiés.

Quan l'emperador fou a la cambra, es va trobar que la seva filla es volia pentinar. S'hi va estar fins que la van pentinar, l'emperadriu va haver resat les seves oracions i les donzelles es van vestir convenientment. L'emperadriu es va posar la primera i totes les altres la van seguir. Quan eren a la porta de la cambra, la princesa va demanar els seus guants i va dir:

—Jo els he desat en un lloc que no sap cap de vosaltres.

Va tornar a entrar dins la cambra on era Tirant i li va fer treure la roba que tenia damunt. Ell va fer un gran salt i va agafar la princesa en braços, i la portava ballant per la cambra i besant-la moltes vegades. Li va dir:

—Oh, quanta bellesa, que tanta perfecció no he vist en cap donzella del món! La Majestat vostra les supera totes en saber i discreció. Certament, ara no em sorprèn que el moro soldà desitgi tenir-vos en els seus braços.

—A tu t'enganyen les aparences —va dir la princesa—, perquè jo no sóc tan perfecta com tu dius, sinó que t'ho fa dir la bona voluntat, que com més s'estima una cosa, més es desitja estimar. Per bé que vagi vestida amb un vestit negre, vaig pentinada sota el vel de l'honestedat. I aquella flama que surt de mi i resplendeix en els teus ulls és amor, perquè el virtuós s'acontenta per la vista. I per això jo et faré donar glòria, honor i fama, i si això no et basta ni et satisfà, et convertiràs en un home sense gratitud i més cruel que l'emperador Neró. Besa'm i deixa'm anar, que l'emperador m'està esperant.

Tirant no la va poder satisfer, ja que les donzelles li tenien les mans agafades, per les burles i jocs que li feia, perquè no la despentinés. I quan va veure que se n'anava i que no la podia tocar amb les mans, va allargar la cama i la hi va posar sota les faldilles, i amb la sabata li va tocar el lloc vedat, i va posar la seva cama entre les cuixes. Llavors la princesa va sortir corrents de la cambra i va anar on era l'emperador, i la Viuda Reposada va treure Tirant per la porta de l'hort.

Quan Tirant va arribar a la seva posada, es va treure les mitges i les sabates. I la mitja i la sabata amb què havia tocat la princesa sota les faldilles, les va fer brodar molt ricament. I el que hi va fer posar (això és perles, robins i diamants) fou estimat que passava de vint-i-cinc mil ducats.

I el dia de les justes es va posar la mitja i la sabata. I tots els que hi eren i veien una cosa semblant quedaven admirats de la gran singularitat de les pedres fines que hi havia. Tampoc no s'havia vist mai una tan rica sabata de cuir. I en aquella cama no hi portava cap arnès, sinó que només en portava a l'esquerra. I semblava que estava molt bé. Com a plomall, damunt l'elmet portava quatre pilars d'or, el Sant Graal fet a l'estil d'aquell que Galeàs, el bon cavaller, va conquistar. Sobre el Sant Graal hi havia la pinta que li havia donat la princesa, amb una frase que deia a qui sabia llegir-la: «No hi ha virtut que no sigui en ella.» I així va sortir aquell dia.

Enmig del reng hi havia un gran cadafal tot cobert de draps de brocat. I enmig hi havia una cadira molt ricament guarnida, i al mig tenia un pern, així la cadira podia girar. I a sobre hi seia la sàvia Sibil·la,[32] vestida molt ricament, que mostrava una gran magnificència i es girava contínuament en totes direccions. A baix, al peu de la cadira, seien totes les deesses amb les cares cobertes, perquè en temps passats els gentils deien que eren cossos celestials. Entorn de les deesses seien totes les dones que havien sabut estimar: la reina Ginebra, que va estimar Lancelot; la reina Isolda a Tristany; i la reina Penèlope, que a Ulisses va amar; i Elena a Paris; Briseida a Aquil·les; Medea a Jàson; la reina Dido a Enees; Deianira a Hèrcules; Ariadna a Teseu; i la reina Fedra, que va requerir Hipòlit, el seu fillastre; i n'hi havia moltes altres, que seria fatigós d'anomenar-les totes. Però van acabar essent enganyades pels seus enamorats. Així ho va fer Jàson, que va decebre i destruir la gentil Medea; i el mateix va fer Teseu a Ariadna: la va treure de casa del seu pare i, portant-la per mar, la va abandonar en una illa deserta on va acabar la seva dolorosa vida.[33] I com aquestes que us he dit, n'hi havia moltes. I cadascuna portava uns assots a la mà i el cavaller que era derrocat en un encontre, és a dir, que queia a terra, el portaven al cadafal, i la sàvia Sibil·la li donava sentència de mort ja que havia defraudat l'amor i tot el seu poder. Les altres dones i

---

32. *Sibil·la*: en l'antiguitat, dona que tenia el do de predir l'esdevenidor.
33. Totes aquestes dones tenen en comú que van ser abandonades per aquells a qui estimaven. Penèlope espera durant vint anys que Ulisses torni de la guerra de Troia; Elena, que estava casada amb Menelau, es deixa raptar per Paris, fet que provoca la guerra de Troia; Briseida esdevé l'esclava preferida d'Aquil·les, després que aquest hagi mort el seu marit; Medea traeix el seu pare i mata el seu germà per tal que Jàson aconsegueixi el toisó d'or, però ell no s'hi casa, tot i que li ho havia promès; Deianira, esposa d'Hèrcules, és la responsable de la mort de l'heroi, ja que ell s'enamora d'una altra dona i ella li dóna una túnica impregnada de verí creient que es tracta d'un filtre amorós; Ariadna ajuda Teseu a matar el Minotaure i fuig amb ell, però Teseu l'abandona a l'illa de Naxos; finalment, Fedra, esposa de Teseu, s'enamora del seu fillastre Hipòlit, que no està gens interessat en les dones, i fa veure que l'ha violada: Teseu fa executar el seu propi fill i Fedra se suïcida.

deesses s'agenollaven davant la Sibil·la i li demanaven que no morís, sinó que la sentència fos commutada en assots. I allà, cedint als precs de tantes senyores, desarmaven el cavaller davant de tothom i després li donaven grans assots, i d'aquesta manera el feien baixar del cadafal a terra. I tots els que queien a terra rebien un guardó semblant.

Els cavallers van sortir al reng abans que es fes de dia i no van deixar combatre a ningú que no portés paraments de seda, de brocat o de xaperia.

Quan l'emperador va manar fer aquestes festes i el conestable se'n va assabentar, es va arreglar d'una manera molt singular. I estant l'emperador en el millor moment del seu àpat, el conestable va entrar per la gran plaça de la forma que us diré. Portava els paraments de dos colors: una part era de brocat sobre brocat carmesí i l'altra meitat era de domàs morat. El domàs era brodat amb garbes de blat de moro, i totes les espigues estaven brodades amb grosses perles, i les canyes eren totes d'or. Aquests paraments eren molt vistosos i molt rics. Portava l'elm cobert de la mateixa tela, i sobre l'elm duia un capell de feltre tot brodat de moltes perles i d'or fi. Per l'espasa cenyida, mostrava que venia de camí. L'acompanyaven trenta gentilhomes tots amb capes de color carmesí: les unes eren folrades de marts gibelins, i les altres, d'erminis. I uns altres deu cavallers que venien amb ell vestien robes de brocat. I tots anaven amb les cares cobertes amb capirons de cavalcar.[34] I, per aquest mateix ordre, anaven sis trompetes que portava. Davant del conestable hi anava una donzella ricament vestida i amb una cadena d'argent, l'un cap de la qual portava a la mà i l'altre estava lligat al coll del Gran conestable. I encara més, portava dotze bèsties de càrrega, totes amb les albardes cobertes de carmesí i les corretges de tires de seda. Una de les bèsties portava el seu llit, l'altra portava una llança grossa, coberta de brocat;

---

34. *capirons de cavalcar*: caputxa alta i acabada en punta. A vegades s'estenia cap avall formant una espècie de capeta que cobria les espatlles i l'esquena.

i d'aquestes llances en portava sis, i cada llança anava en la seva bèstia. Així va entrar amb les dotze bèsties de càrrega, que cadascuna portava roba seva, i va fer la volta pel reng. Quan va ser davant l'emperador, li va fer una gran reverència. Després va passar per tots els estaments i els va saludar tots. Quan l'emperador va veure que tots venien amb les cares cobertes, va fer demanar qui era aquell cavaller tan ostentós. I als qui ho van demanar, van respondre tal com els havia estat manat:

—Aquest és un cavaller de ventura.[35]

I no en van poder saber res més.

Va dir l'emperador:

—Encara que no es vulgui donar a conèixer, demostra que és presoner d'amor perquè la donzella el porta lligat amb la cadena. Certament, ell deu ser presoner d'amor. Torna-hi i demana a la donzella quin amor l'ha empresonat d'aquesta manera. I, si no et vol dir el seu nom, veig que porta un escrit a l'escut: mira si el seu nom és allà.

El cambrer de l'emperador va anar corrents a complir les seves ordres. La donzella li va respondre:

—El dany i la presó d'aquest cavaller els ha fet una donzella verge i, consentint a la seva voluntat, ella l'ha subjugat d'aquesta manera.

I no li va dir res més. El cambrer va tornar la resposta i l'emperador va dir:

—És cosa habitual que els cavallers moltes vegades estimin i no siguin correspostos. I tothom desitja trobar-se en la primera joventut, per bé jo n'he oblidat totes les satisfaccions i gairebé només en recordo els temors. Digues: has llegit aquell escut que no s'ha romput ni ha temut mai?

—Senyor –va respondre el cambrer–, l'he ben llegit una i moltes vegades. Està escrit en llengua espanyola o en francès, i diu:

«Maleït amor, que em vas fer seduir,
si no li fas els meus dolors sentir.»

---

35. *cavaller aventurer o de ventura*: el qui combatia en una justa o en un pas d'armes sense ser-ne el mantenidor.

Amb això, el conestable ja era al cap del reng amb la llança a la cuixa. I va demanar amb qui junyia. Li van dir que amb el duc de Sinòpoli.

L'un va anar envers l'altre i van fer bells encontres. A la cinquena carrera, el Gran conestable el va escometre tan bravament que el va fer sortir de la sella. I d'allí el van portar al cadafal de la sàvia Sibil·la. Fou desarmat immediatament i molt ben assotat per les dones que havien estat enganyades pels seus falsos enamorats.

Quan va acabar tota la cerimònia, va tornar a junyir amb el duc de Pera. I, quan foren a la desena carrera, el conestable el va colpejar enmig de la visera, el va deixar inconscient, i ell i cavall van caure a terra.

—Qui és aquest home —va dir Tirant—, de mala ventura, que així ha fet caure els meus singulars amics?

Es va fer posar ràpidament l'elm al cap i va pujar a cavall i es va posar al cap del reng amb una llança grossa que va demanar. I mentre ell es posava a punt, van portar el duc, quan va recobrar la consciència, al cadafal de la sàvia Sibil·la, i li van fer el mateix que havien fet a l'altre. El conestable va dir que no volia combatre més, perquè va veure que Tirant era a l'altre cap del reng. Però els jutges li van dir que havia de fer per força les dotze carreres, tal com havia estat ordenat. Les dames i tots els del mercat reien molt de com aquell cavaller desconegut havia derrotat els dos ducs.

Va dir l'emperador:

—Espereu una mica, que serà meravella si no derroca el nostre capità.

—No ho farà —va dir la princesa—, que la Santa Trinitat el guardarà de tal inconvenient; però si l'altre se'n surt, li podran ben dir cavaller de bona ventura.

L'emperador va respondre:

—Per Déu, en tota la meva vida, jo no he vist fer caure dos ducs en deu carreres, ni venir tan ben preparat com ha fet aquest cavaller. A més, em sembla que tant les bèsties de càrrega com les albardes són cobertes de seda per dins i per fora, i les cobertures del bestiar són de brocat: això no és propi d'un cavaller del meu imperi, sinó de rei o de fill de rei. Per això desitjo saber d'on és, ja que dubto que no se'n vagi per temor a alguna represàlia d'aquells a qui ha fet caure a terra.

I va manar a dues donzelles de gran bellesa i molt ben vestides que anessin on hi havia el cavaller i li preguessin, de part de la princesa, que volgués dir el seu nom, perquè ho desitjaven molt.

El conestable va respondre:

—Si se'm pot retreure alguna obligació, pensi la seva Majestat que les coses de gran valor no es poden obtenir sense molts esforços. Però, perquè les meves paraules no semblin vanes, podeu dir a la senyora princesa que jo sóc de l'Últim Ponent.[36]

Les donzelles se'n van tornar amb aquesta resposta i el conestable va haver de junyir amb Tirant. L'un va anar envers l'altre, i el conestable es va posar la llança en el rest[37] i la va portar constantment dreta. Quan Tirant va veure que venia així, va alçar la seva llança i no el va voler ferir. I amb molta malenconia va preguntar per què l'altre li guardava cortesia: si ho feia perquè era capità, que no ho fes gens per aquesta raó, sinó que junyís i fes tot el que pogués, que no li guardés gens de cortesia.

I l'herald que li va transmetre aquestes paraules les va dir amb gran ultratge. El conestable va respondre dient:

—Digueu a aquell que us envia que el que jo he fet és per cortesia, però que tingui cura de si mateix, ja que el mateix que he fet als altres, ho faré amb ell.

I va demanar la llança més grossa que tenia. Però, quan fou a prop de l'encontre, va tornar a alçar la llança. I Tirant, amb molta desesperació, va llançar la seva llança a terra perquè no s'havia pogut venjar de la injúria dels ducs. Ràpidament, aquells a qui l'emperador ho havia manat van agafar les regnes del cavall del

---

36. *Últim Ponent*: la part més occidental d'Europa, és a dir, la Bretanya.
37. *rest*: peça de ferro que anava clavada al costat de la cuirassa i servia per a encaixar-hi la llança.

conestable perquè no se n'anés. I allí van anar els jutges i amb molt d'honor el van portar al cadafal de la Sibil·la i li van treure l'elm del cap. Totes aquelles deesses el van rebre amb alegria inestimable, i li van fer tants honors com els va ser possible.

Quan van saber que aquell era el Gran conestable, el van asseure a la cadira on seia la sàvia Sibil·la, i ella amb totes les altres li van servir un àpat amb viandes i totes les coses necessàries. L'una el pentinava, l'altra li eixugava la suor de la cara i cadascuna d'elles el servia en allò que podia.

I el que van fer amb aquest, ho van fer amb tots els altres que derrocaven cavallers. I cada cavaller s'havia d'estar a la cadira fins que en vingués un altre que ho fes millor.

Quan l'emperador es va assabentar que aquell cavaller era el conestable, se'n va alegrar molt, i també l'emperadriu i totes les dames que hi havia. Quan Estefania va sentir la murmuració de la gent i va rebre la notícia que aquell era el conestable, va ser tan gran el plaer amorós que va experimentar, que el cor li va defallir i va perdre el sentit. Els metges, que eren prop de l'emperador, van posar remei al seu mal ràpidament; i per aquesta raó Aristòtil va dir que ve gran mal a les donzelles tant per molt amor com per molt dolor.

Després, l'emperador va demanar a Estefania de què li havia vingut aquell mal. I va respondre:

–Perquè portava la faldilla massa estreta.

El conestable es va estar tot aquell dia assegut a la cadira, que no hi va haver ningú que el pogués treure d'allí.

Quan va ser de nit, van junyir amb moltes torxes. Al cap de dues hores (tots ja havien sopat), van començar les danses, els momos i les diverses menes d'entremesos,[38] que ennoblien molt la festa.

---

38. *momo*: ball o farsa dansada executada per una comparsa, per una moixiganga, etc.

entremès: peça teatral de caràcter menor escrita en llenguatge col·loquial i sovint dialectal.

Això va durar tres hores. Passada la mitjanit, l'emperador i tota la gent se'n van anar a dormir.

L'emperador, per no haver de tornar a palau, havia fet preparar una bella posada en el mercat, on es va acomodar amb totes les seves dames, a fi que poguessin festejar de dia i de nit.

I aquestes festes van durar vuit dies. L'endemà, molts cavallers es van esforçar per treure el Gran conestable de la cadira. Va venir al reng un cavaller, parent de l'emperador, que es deia el Gran noble, el qual venia molt ben disposat: portava una donzella dreta a les anques del cavall, amb el cap que li sobresortia de l'elm, de manera que mostrava tota la cara. I portava un escrit a l'escut amb lletres d'or que deien:

«Enamorats, mireu-la bé,
que, de la resta, millor no en sé.»

També havia vingut un altre cavaller, primer que aquest, que portava una altra donzella: com sant Cristòfol porta Jesucrist a l'espatlla, així aquell cavaller portava la donzella. I, per tal com la seva enamorada es deia Lionor, portava un escrit en els paraments i en el cap del cavall que deia:

«Enamorats, feu-li honor,
puix de totes és la millor.»

Tirant va junyir amb el Gran noble, van envestir-se moltes vegades i l'última va ser quasi mortal, ja que Tirant li va donar un cop de llança al revolt de l'escut i li va trencar el maniple,[39] que va rebotar enmig del casc, i el va fer caure del cavall; i, com que era gros i pesat, en caure es va donar un cop tan gran de costat que es va trencar dues costelles. Ell va envestir Tirant sota les cordes de l'escut, i la llança que portava era tan grossa que no es va poder trencar: fou tan gran la topada que el cavall de Tirant va recular tres passos i va caure de genolls a terra. Quan Tirant el va sentir caure, va treure els peus dels estreps i es va veure forçat a posar la mà dreta a terra. Això el va ajudar a no caure a terra del tot, però el cavall va rebentar a l'acte. El Gran noble, amb tot el seu mal, va

---

39. *maniple*: agafador de l'escut.

haver d'anar al cadafal de la Sibil·la, i allà no va ser tan assotat com ho haurien fet, en atenció a les costelles trencades. I a Tirant, que havia caigut amb el cavall i se li havia mort, i havia tocat amb la mà a terra, els jutges van determinar que en endavant havia de junyir sense esperó dret ni manyopla a la mà.

Havent vist Tirant que per culpa del seu cavall se sentia avergonyit, va fer vot que no junyiria mai més, si no ho feia amb rei o fill de rei.

Finalment, el conestable va baixar de la cadira i un altre cavaller va ocupar el seu lloc. I el conestable va fer de mantenidor en lloc de Tirant. I, dels vuit dies que van durar les festes, tan noble va ser el darrer dia com el primer, i amb gran abundància de tot: aventures, entremesos i menjars exòtics i de totes les altres coses.

L'endemà que Tirant va haver deixat de junyir, va sortir vestit amb una capa d'orfebreria brodada sobre vellut negre, d'un arbre que s'anomena «seques amors», que fa un fruit petit amb el qual se'n fan rosaris. Portava aquelles mitges amb les quals havia junyit, l'una brodada i l'altra no, i també la sabata que havia tocat la cosa que ell desitjava més. I, abans de sortir de la seva posada, va fer guarnir el millor cavall que tenia amb els paraments amb què havia junyit, l'arnès, la cimera i tot el que portava a les justes, i ho va trametre tot al Gran noble. Aquell li'n va donar gràcies infinites. Fou estimat que valia més de quaranta mil ducats.

Tirant cada dia era a la cort parlant i divertint-se amb tots, amb l'emperador i encara més amb les dames. I cada dia es canviava de roba, però mai de mitges. Un dia la princesa li va dir:

–Digueu, Tirant, si Déu us dóna honor –a manera de burla–, aquest costum que teniu de portar una mitja brodada i l'altra no, és típic de França o de quin lloc?

I això era el dia que acabaven les festes. Era el novè dia, quan anaven a la ciutat de Pera. La princesa li ho va dir pel camí, davant d'Estefania i la Viuda Reposada. Va respondre Tirant:

–Com, senyora! La vostra Majestat no coneix aquest costum? La vostra celsitud no recorda aquell dia que va venir l'emperadriu, que jo estava amagat i cobert amb la roba de les vostres donzelles, i de poc que no s'asseu sobre el meu cap? Després va venir el vostre pare i em vau amagar a la recambra entre els matalassos; i, després que se'n van haver anat, jugant amb la vostra Altesa, com que les meves mans no hi arribaven, les van substituir la cama i el peu: la meva cama va entrar entre les vostres cuixes i el meu peu va tocar una mica més endavant, allà on el meu amor desitja aconseguir la felicitat més completa que es pugui tenir en aquest món.

–Ai, Tirant! –va dir la princesa–. Recordo bé tot el que m'has dit, que conservo senyals en la meva persona d'aquesta jornada! Però arribarà el dia que, així com ara t'has brodat una cama, et podràs brodar les dues i les podràs posar lliurement allà on desitges.

Quan Tirant va sentir aquestes paraules, acompanyades de tant d'amor, immediatament va descavalcar amb l'excusa que li havien caigut els guants, i li va besar la cama sobre les faldilles. I li va dir:

–On és atorgada la gràcia, ha de ser besada i acceptada. [...]

[Resum dels capítols CXC al CCXIV]

Un cop a la ciutat de Pera, l'emperador organitza un torneig entre vuit-cents cavallers i, posteriorment, un dinar. Quan acaba el dinar, arriba una nau a port tota coberta de negre de la qual baixen quatre donzelles: Honor, Castedat, Esperança i Bellesa. Es tracta, doncs, de la representació d'un entremès, en el qual Esperança explica que fa quatre anys que estan buscant el rei Artús, el qual es troba en la cort grega. El personatge que fa d'Artús disserta sobre les virtuts que han de posseir els cavallers.

Un cop acabades les festes, l'emperador comunica als ambaixadors la seva decisió definitiva: la princesa no es casarà amb el soldà i tampoc no permetrà el rescat dels presoners.

Carmesina no s'acaba de refiar de les bones intencions de Tirant, cosa a la qual contribueix la Viuda Reposada, que està enamorada de Tirant. Ell, per la seva banda, es mostra poruc i indecís davant la princesa. Per això, Plaerdemavida el renya.

CCXIV

Parla Plaerdemavida

–Senyor capità, que n'esteu de ferit per la virtut de la paciència! No sap la vostra Senyoria que, després de pecar, ve penedir-se? Heu vingut a les cambres de la meva senyora, que són una sepultura per a vós, ja que no hi trobeu misericòrdia. Us ho suplico, si us plau: no perdeu l'esperança, que Roma no es va poder fer en un dia. Per un no-res que us ha dit la meva senyora ja esteu desanimat? En les batalles, vós sou un lleó coratjós i sempre en sortiu vencedor. I temeu una senyora sola a la qual, amb esforç i ajuda nostra, us ajudarem a vèncer? A la gent d'armes els doneu vigor i a nosaltres ens preneu el poder, però veig que el temor i la pietat s'oposen a les gestes cruels. Em sembla que Déu us paga segons els vostres mèrits. Us recordeu d'aquella nit plaent al castell de Malveí, que jo somiava, i l'efecte que va tenir el que vós vau dir? Per això, en la nostra terra, es diu un refrany vulgar: «Qui ha estat piadós i després se n'ha penedit, piadós no ha de ser dit.» I ja no vull dir res més sobre aquest tema, sinó que totes us ajudarem per fer-vos content. Jo sé quin és el remei final: que s'hi ha de barrejar una mica de força, perquè el temor, que ve de la ignorància, desaparegui. Perquè és lleig que les donzelles, quan són requerides d'amor, hagin de dir aquells mots tan espantosos: «Em plau.» Oh, quines males paraules per a una donzella! Per això jo us prometo, paraula de dona gentil i per la cosa que més m'estimo en aquest món, que us ajudaré a anar pel bon camí tant com podré, encara que per aquesta raó hagi de portar la creu al coll.[40] Si es donés aquest cas, la meva remuneració serà menor que el treball, per la

---

40. *Portar la creu al coll*: és a dir, que hagi de passar treballs i penalitats.

qual cosa, senyor, faci la vostra mercè que jo mantingui l'amor del meu Hipòlit. Però em temo que, quan comenci a veure on es dirigeixen els seus passos poc virtuosos, no m'agradarà gaire. I per això em fa por el perill que s'ha d'esdevenir, ja que sé que ell és un bon tirador, que no apunta a les cames, sinó al cap. Sap més del que li he mostrat.

Tirant es va animar una mica amb les burles de Plaerdemavida, i es va aixecar i li va dir:

–Donzella, em sembla que no estimeu Hipòlit d'amagat, sinó que voleu que tothom ho sàpiga.

–Què m'importa –va respondre Plaerdemavida– que tot el món ho sàpiga, atès que Déu m'ha donat el plaer barrejat amb l'esperança? I per aquesta raó, vosaltres els homes moltes vegades sou desagraïts, que dissimuleu dient paraules honestes a fi d'amagar la vostra culpa, creient que, com que som donzelles, no ens atrevirem a dir-ho. I teniu la propietat que al principi sou bons i al final sou dolents; com la mar que, en entrar-hi, es troba plaent i després, quan s'ha entrat molt endins, és tempestuosa. S'esdevé el mateix en l'amor: sou delicats i després aspres i terribles.

I, mentre mantenien aquesta conversa, va venir l'emperador, va agafar el capità de la mà, el va treure de l'habitació i van parlar molt de la guerra. A l'hora de sopar, Tirant i els seus se'n van anar a la seva posada.

En ser de nit, la princesa es volia ficar al llit, però la Viuda Reposada li va començar a dir aquestes paraules:

–Senyora, si la vostra Majestat sabés el gran sofriment que Tirant passa a causa de la vostra Altesa, i les coses que ens ha dit quan érem totes juntes, n'estaríeu encantada. Però després, a part, m'ha dit unes coses de la vostra Excel·lència que em fa fàstic de repetir-vos-les, perquè les seves paraules vils demostren que poc que us vol. I se m'ha mostrat tal com és, sense fingir: que la divina Providència no permet que les coses mal fetes i mal pensades durin gaire.

La princesa es va alterar molt amb les paraules de la Viuda Reposada. Desitjosa de saber-ho, es va tornar a posar la gonella i van entrar en un petit retret perquè ningú no les sentís; i primer li va explicar tot el que Tirant els havia dit a totes, i com les volia casar honrosament, amb les promeses precioses que els donadors acostumen a fer. Després, amb maldat i engany, la Viuda va començar a parlar amb malícia.

CCXV

El consell reprovable que la Viuda Reposada va donar a la princesa contra Tirant

–L'experiència mostra a les persones sensates que han d'usar més el seny que la voluntat. I com més noblesa i dignitat tinguin, més virtuoses i perfectes han de ser. Però el fet que un home tingui més enginy i sigui més experimentat que un altre, així com és Tirant en les armes, no impedeix que tots els homes no tinguin una inclinació a malparlar de les dones i a actuar pitjor. I, com que nosaltres ho sabem, hem de fer servir els nostres remeis i no actuar per afecte; perquè ningú no pot ser senyor ni conservar sota el seu poder la senyoria si no té saviesa, ja que si fes el contrari seria titllat de boig. Quants cavallers sap bé la vostra Altesa que desitgen o han desitjat el que Tirant voldria, que són savis i molt discrets; i aquest Tirant és un home cruel i un gran homicida, que només té ulls. Ja sé que no hi veu més que els altres, però és més atrevit fent bogeries; ni tampoc té més saviesa que els altres, però té menys vergonya i més atreviment. I si la vostra Altesa sabés el que diu de vós, mai no li voldríeu el bé.

–Digueu-m'ho ràpid –va dir la princesa– i no em feu patir tant.

–Ell m'ho ha dit en secret –va contestar la Viuda Reposada– i m'ha fet posar les mans sobre els Evangelis jurant que no diria res a ningú de tot això. I com que sou la meva senyora natural i seria anar contra la fidelitat, qualsevol jurament que hagi fet no val res, perquè va contra la caritat.[41] En primer lloc, m'ha dit que Estefania i Plaerdemavida han acordat que, de grat o per força, us desflorarà; i que, si no ho voleu fer de grat, us matarà cruelment tallant-vos el coll amb l'espasa; i després farà el mateix al vostre pare, robarà tot el tresor i se n'anirà a la seva terra amb les galeres. I amb el tresor que s'emportaran, robes i joies, trobaran allà donzelles més belles que vós; perquè diu que sembleu una mossa d'hostal, que sou una donzella amb molt poca vergonya i que ho porteu escrit a la mà. Mireu, senyora, per la vostra virtut, quines coses pensa de la vostra Altesa aquell traïdor malvat! I encara diu, aquell home vil i amb poca fe, que no havia vingut a aquesta terra per lluitar, que ha estat ferit moltes vegades i que us ha conegut a vós i al vostre pare per mala sort. Us sembla, senyora, que són paraules pròpies d'un cavaller? Pensa en l'honor de la vostra Excel·lència i de l'emperador, que tants béns i tants honors li heu fet? Que cremi en el foc, qui diu aquestes coses. Sabeu encara què més diu? Que no estima ni vol bé a cap dona del món sinó pels seus béns, més que no pas per la seva persona. Diu moltes coses així i moltes altres maldats. I recordo que em va dir que si es torna a trobar com aquella nit de Malveí, encara que us hagi fet mil juraments, no en respectarà cap: per força o de grat, ell us desflorarà; després us farà tres figues[42] a la cara i, a continuació, us dirà: «Mala dona, ni grat ni gràcies,[43] ara que n'he obtingut el que desitjava.» Ai, senyora, la meva ànima plora gotes de sang quan penso en totes les maldats que m'ha dit de vós! Per això, senyora, us vull donar un consell, si bé no me'l demaneu. Després de l'honor del vostre pare i la vostra mare, no hi ha ningú que es planyi de vós com ho faig jo. Com que us he tingut tant de temps en els meus braços, i heu mamat la meva llet, desitjo que tingueu honors i delits; i la vostra Altesa s'ha amagat de mi per fer festes a aquest malvat

---

41. La caritat s'ha d'entendre com l'amor a Déu i al proïsme.

42. *fer tres figues*: acció de cloure el puny i mostrar el dit polze sortint entre l'índex i el dit del cor, com a senyal de burla i menyspreu.

43. *ni grat ni gràcies*: cap demostració de gratitud.

Tirant, creient més Estefania i Plaerdemavida, que us han traït i venut, que no a mi. Ai, trista de vós! Com us ha difamat i com us difamarà encara més! Estefania fa bé: voldria trobar qui compartís la seva culpa. Oblideu aquestes amistats, ara que us he informat de la veritat, que us parlo com si llegís l'Evangeli. És necessari que em jureu que mai no direu a ningú això que us he explicat, perquè, si ho sabia, el traïdor d'en Tirant em faria matar i després se n'aniria. Vós, senyora, dissimuleu i a poc a poc aparteu-vos d'ell, per tal que faci la guerra per al vostre pare; perquè, si us n'allunyeu sobtadament, pensarà que jo he parlat. I les altres mereixen un càstig, però no el mateix dia. Guardi's la vostra Excel·lència de fiar-vos d'elles, que us trairan. No veieu que Estefania té el ventre gros? Em sorprèn que l'emperador no se n'adoni. I el mateix passarà amb Plaerdemavida.

La princesa estava molt entristida, ja que aquest nou dolor havia envaït el seu estat d'ànim. I mentre els seus ulls vessaven vives llàgrimes, acompanyades de molta ira, es va queixar amargament.

[Resum dels capítols CCXVI al CCXIX]

Carmesina es creu les paraules de la Viuda Reposada i tracta Tirant amb menyspreu: el nostre heroi llangueix d'amor.
Tirant demana la mà d'Estefania a l'emperador en nom de Diafebus.

CCXX

La resposta que l'emperador va donar a Tirant

–Es pot llegir en un tractat de Sèneca que no hi ha cosa que s'adquireixi més tendrament que la que es demana amb pregàries i súpliques. Per això no em plau que em feu moltes peticions en comptes de demanar-ho humilment. Per tant, deixo el meu lloc i dono poder a la meva filla, aquí present, perquè ho faci amb el consentiment de la seva mare.

I se'n va anar sense dir-los res més i va deixar la princesa amb ells. Quan Estefania va veure que l'emperador marxava bruscament, va suposar que a l'emperador no li plaïa que se celebrés el matrimoni i, sense pensar-s'hi més, va deixar la companyia de la princesa, de Tirant, del conestable i de Plaerdemavida i se'n va anar a una cambra, tota sola, i va començar a plorar i a lamentar-se.

Tirant va prendre la princesa del braç i, acompanyats del conestable i de Plaerdemavida, anaren a la cambra de l'emperadriu. Tirant i la princesa van suplicar a l'emperadriu que accedís a aquest matrimoni, atès que l'emperador el desitjava. Ella va respondre que n'estava contenta. I ràpidament van reunir tota la cort perquè assistissin a les esposalles[44] d'Estefania. Tots estaven reunits a la gran sala amb un cardenal que van fer venir per casar-los. Van anar a buscar l'esposada i la van trobar que encara estava plorant, que no en va saber res fins que no li van anar a dir que l'emperador i tots l'esperaven.

Un cop fetes les esposalles amb grans honors, amb danses i un àpat distingit, l'emperador va voler que les bodes es fessin l'endemà, per tal que no detinguessin la partida de Tirant; i així fou fet. I es van celebrar unes grans festes amb justes, danses, momos i molts altres entremesos que van ennoblir la festa. I tothom era feliç excepte el pobre Tirant.

La primera nit que van donar la núvia al conestable, Plaerdemavida va agafar cinc gats petits i els va posar a la finestra de l'habitació on dormia la núvia; i van miolar tota la nit. Plaerdemavida, després de posar els gats, se'n va anar a la cambra de l'emperador i li va dir:

—Senyor, aneu de pressa a la cambra de la núvia, que el conestable ha fet més mal que no es pensava, perquè hi he sentit molts crits. Dubto que no hagi mort la vostra estimada neboda o,

---

44. *esposalles*: cerimònia amb què se celebra el prometatge.

almenys, que no l'hagi malferit. Vostra Majestat, que li és un parent tan pròxim, vagi a ajudar-la.

Les paraules de Plaerdemavida van ser tan plaents per a l'emperador que es va tornar a vestir, i tots dos van anar a l'habitació de la núvia i van escoltar una estona. Com que va veure que no deia res, Plaerdemavida va dir:

—Na núvia, com esteu ara que no crideu ni dieu res? Em sembla que ja us ha passat el dolor i la major pressa de la batalla: que et vingui dolor als talons! No pots cridar una mica aquell saborós «ai»? És un gran plaer sentir com el diuen les donzelles. El fet que callis és senyal que ja t'has empassat el pinyol.[45] Mal profit et faci, si no hi tornes. Vet aquí l'emperador que està escoltant si crides, que té el dubte que no et facin mal.

I l'emperador li va dir que callés i que no digués que ell era allà.

—En veritat no ho faré —va replicar Plaerdemavida—, sinó que vull que sàpiguen que vós sou aquí.

Llavors la núvia va començar a cridar dient que li feia mal i que ja en podia estar ben segur. Va dir Plaerdemavida:

—Senyor, tot el que diu la núvia és manllevat, ja que les paraules no li surten de l'ànima, sinó que em sembla que són fingides, i per això no m'agraden.

L'emperador no podia parar de riure dels comentaris sucosos que sentia dir a Plaerdemavida. Llavors la núvia, com que els sentia riure d'aquesta manera, va dir:

—Qui ha posat aquí aquests maleïts gats? Et prego que els posis en un altre lloc, que no em deixen dormir.

Plaerdemavida va contestar:

—A fe que no ho faré, així Déu m'ajudi. No saps que jo sé treure gatets vius de gata morta?

—Oh, és massa sensible —va dir l'emperador—, i com plauen al

---

45. Les intervencions de Plaerdemavida són plenes d'eufemismes de caràcter sexual. Per exemple, *pinyol* es refereix a la punta de l'òrgan sexual masculí. Una mica abans torna a parlar del dolor als talons, que ja havia aparegut en el capítol CLXII.

meu esperit les coses que diu! Jo et juro pel sobirà Altíssim que, si no tingués dona, no en prendria altra sinó tu.

L'emperadriu va anar a la cambra i va trobar la porta tancada. Només hi havia un patge que li va dir que l'emperador era a la porta de la cambra de la núvia; i va anar cap allà i se'l va trobar amb quatre donzelles. Quan Plaerdemavida va veure arribar l'emperadriu, va dir abans que ningú parlés:

—Moriu-vos aviat, senyora, mireu què m'ha dit el senyor emperador: que si no tingués muller, no en prendria altra sinó a mi; i per l'ofensa que vós em feu, moriu-vos molt i molt aviat.

—Ai, filla de mal pare! —va respondre l'emperadriu—. I em dius aquestes paraules? —I es va girar vers l'emperador—: I vós, en beneit, per a què voleu una altra esposa? Per donar-li esplanissades i no estocades?[46] No penseu que mai hagi mort cap dona ni donzella a cop d'esplanissades.

I rient amb molta alegria se'n van anar a les seves cambres.

L'endemà al matí tothom es va alegrar i va fer molt d'honor al conestable i a la novençana.[47] Els van portar a l'església més gran, on van oir missa amb gran devoció. Quan van haver llegit l'Evangeli, el predicador va pujar a la trona i va fer un sermó solemne, en el qual va parlar de vicis i de virtuts. I després, acabat el sermó i per ordre de l'emperador, va fer la següent oració per infondre esperança a tots els que el servien de bon cor.

[Resum dels capítols CCXXI al CCXXVII]

Acabada l'oració, l'emperador atorga el ducat de Macedònia als nuvis. Tot i que Estefania els continua ajudant, Plaerdemavida pren un major protagonisme a l'hora d'afavorir els amors de Tirant i Carmesina.

---

46. *esplanissada*: cop donat de pla amb una espasa. En sentit figurat, però, es refereix a un cop fallat en l'acte sexual.

47. *novençana*: casada de fresc.

CCXXVIII

Raonament que fa la duquessa de Macedònia a la princesa

–Si la noblesa de llinatge i la vostra generositat susciten a la vostra Altesa la fe que vau prometre, que es faci efectiva; perquè allò que es manifesta obertament dóna testimoni de la seva veracitat, mentre que el que es diu d'amagat, com fa la Viuda, demostra maldat i deslleialtat. El vassall no pot prendre ni defraudar res al seu senyor: i ho dic per això, atès que la Viuda és vassalla meva i hauria de procurar no enutjar-me, jo desitjo la seva mort, ja que els seus actes, dignes de gran càstig, en són mereixedors.

–Duquessa meva –va respondre la princesa–, us estimo en extrem, i faré per vós tant com es pot i s'ha de fer per una germana i encara molt més en endavant; i deixeu estar la Viuda, que, encara que sigui vassalla vostra, no té la culpa de res. Us demano com a gràcia que no us preocupeu d'ella, ja que jo no podria fer tant per vós com mereixeu. No hi ha altra cosa que em faci malpensar sinó el meu cor, que té molts dubtes: com que el meu cos és mortal, temo que la meva sort adversa no em doni passions de donzella mortal. Per la qual cosa us prego que no em vulgueu prendre allò que no em podríeu donar, ja que vós li podeu donar vestits, joies per la vostra gentilesa i diners per a despeses. Per això, germana meva, vós, que teniu molta paciència, no us preocupeu de les meves paraules i deixeu estar aquestes cortesies per al Dijous Sant.

Va dir la duquessa:

–Senyora, doneu-me resposta sobre el que us he dit de Tirant: voleu que vingui aquesta nit? I serà aquella que ell espera amb tant de desig. Per la vostra vida, no em digueu que no!

–M'agradarà –va respondre la princesa– que vingui aquesta nit, que l'esperaré aquí i dansarem; i si m'ha de dir alguna cosa, l'escoltaré de bon grat.

–Ai, na beneita –va dir la duquessa–, que en sou de lleial! En un cos humà no s'hi pot posar tant de saber com el de la vostra Altesa. Ara em voleu transformar el joc. Mireu, senyora: qui s'equivoca moltes vegades i n'encerta una no pot dir que les hagi fallat totes. Jo us demano si voleu que us vingui a veure el virtuós Tirant, sense el qual no tindreu ni bé ni honor, així com ho va fer aquella nit plaent del castell de Malveí: vejam si ara m'entendreu!

–Quan m'has parlat de Tirant, tot el meu pensament no ha fet altra cosa sinó recordar-me tot el mal, el qual tinc cada dia davant dels meus ulls adormits de dolor i de preocupació. És ben trista aquella donzella que fatiga en va la seva persona amb plors. I podeu dir a Tirant que li suplico, com a cavaller digne de fe i de virtut, que deixi de temptar la meva ànima, la qual d'uns dies ençà plora gotes de sang. Però que, si ell ve, jo seré aquella que consentiré més del que ell es pensa.

–Oh, senyora! –va replicar la duquessa–, no s'han de plorar sinó els pecats, heu de perdre i oblidar les penalitats. Si ell s'hagués mort davant dels vostres ulls, més de pressa ho hauríeu oblidat. I si la vostra celsitud vol lluitar amb Tirant, torneu als seus braços amb aquell mateix temor que mostràveu aquella nit de Malveí i les prometences i els juraments que la Majestat vostra li va fer; i allà podreu explicar i raonar tots els actes inusitats que heu fet. A l'home que és mort, no li cal tenir una llarga esperança –va dir la duquessa– i no hi ha cap donzella com vós, que sigui tan virtuosa i gentil, ornada amb una corona imperial, en tota la cristiandat i encara menys en la pagania. I com que no us manca bellesa, tampoc no us ha de mancar la creença ferma en la fidelitat promesa.

–Germana i senyora meva, voleu que us digui una cosa? –va respondre la princesa–. Vull guardar la fama i l'honor tant com la vida m'acompanyarà, i sempre tindré aquest propòsit, ja que la donzella honesta ha d'estimar per sobre de totes les coses si plaurà a Déu, i així ho faré jo.

La duquessa se'n va anar amb un gran enuig, i quan va veure Tirant li va recitar tot el mal propòsit de la senyora. Tirant va sentir que es multiplicava el seu dolor en major grau que no solia.

I quan l'emperador va haver sopat, sabent que Tirant era a la cambra del duc, el va fer cridar i va dir a la princesa:

–Feu venir els ministrers per tal que els cavallers s'alegrin, perquè l'hora de partir és pròxima.

–No –va contestar la princesa–, senyor: tinc més ganes de descansar que de dansar.

I ràpidament es va acomiadar del seu pare i es va retirar a la seva cambra per no haver de parlar amb Tirant. La Viuda Reposada, que li va sentir dir aquestes paraules, es va alegrar molt del que havia fet. Plaerdemavida va anar a l'habitació de la duquessa i va dir a Tirant:

–Senyor capità, no tingueu cap esperança en aquesta senyora mentre la Viuda estigui a prop. Ara ja s'han retirat a la seva cambra i parlen a soles dels vostres afers. Mai no aconseguireu res d'ella si no feu el que us diré: demà es banya i, com que ara dormo amb ella al seu llit, jo hi pararé tant d'esment que al vespre us posaré al seu llit i la trobareu tota nua. Feu el que jo us dic, que sé que mai no dirà res, perquè en aquell lloc que dormia la duquessa, ara ho faig jo. Deixeu-me fer a mi.

–Donzella –va dir Tirant–, us dono infinites gràcies per la gentilesa d'això que em dieu, i vull que sapigueu que per res del món jo no forçaria dona ni donzella si sabia que això li causaria ira o que m'avorriria, encara que perdés la corona de l'Imperi grec, el romà i la mundana monarquia. Qui pot pensar que jo forçaria la voluntat d'una donzella a la qual estimo més que la meva pròpia ànima? I si la veiés plorar i angoixar-se, preferiria donar l'ànima a l'enemic abans que causar-li una mica d'enuig o de mal. Quan em trobo en les grans batalles i tinc algun enemic mortal caigut a terra a punt de prendre-li la vida i em demana mercè, la hi perdono; tot i sabent que és un enemic infidel i que no té poder per perdonar-me, ho faig només per la pietat que em provoca, i l'he de deixar: en quin major grau faré a la meva senyora l'últim dany que a elles més els agrada preservar? Us dic que per res no faria enutjar sa Majestat i, posat que ho volgués fer, l'esperit no m'ho consentiria. M'estimo més passar tota la meva vida patint amb la noble esperança que tinc de fer-li honors i serveis, armat o desarmat, a peu o a cavall, de nit i de dia, i estar agenollat davant la seva Altesa fent-li súpliques contínuament a fi que em vulgui tenir mercè. Perquè no vull que per la meva vanaglòria i el meu plaer sigui titllat de traïdor, atès que la natura i l'honor em fan tenir pietat. I que poc lliure de perill està aquell a qui un altre exclou injustament! Sempre que els servidors cometen algun acte lleig contra els seus senyors, cauen en una infàmia intolerable, i són dignes de gran càstig; i per això jo vull passar aquest dolor i aquesta penalitat, que jo crec que ella ha estat creada al paradís, tal com mostra la seva agraciada persona, que sembla més angelical que humana.

I va acabar de parlar. Plaerdemavida, mostrant el seu descontentament, va començar a parlar d'aquesta manera.

CCXXIX

Com Plaerdemavida va donar força a l'ànim de Tirant

—Tirant, Tirant, en batalla mai no sereu ardit ni temut si en amar una dona o donzella no hi barregeu una mica de força, encara més quan no ho volen fer. Com que teniu molta esperança i bona i estimeu una donzella digna, aneu a la seva cambra i fiqueu-vos al llit quan ella estigui nua o en camisa, i feriu-la valentament, que entre amics no calen tovalles. I si no ho feu així, no vull ser de la vostra batllia, que ja sé de molts cavallers que, per tenir les mans ràpides i valentes, han obtingut honor, glòria i fama de les seves enamorades. Oh, Déu, quina cosa és tenir la donzella tendra en els braços, tota nua, de catorze anys! Oh, Déu, quina glòria és estar en el seu llit i besar-la sovint! Oh, Déu, quina cosa és que sigui de sang reial! Oh, Déu, quina cosa és tenir un pare emperador! Oh, Déu, quina cosa és tenir l'enamorada rica i generosa, lliure de tota infàmia! I el que més desitjo és que feu el que jo vull.

I com que havia passat gran part de la nit i volien tancar el palau, Tirant va haver de marxar. Quan es va haver acomiadat de la duquessa, que ja se n'anava, Plaerdemavida li va dir:

—Senyor capità, jo no trobaria qui fes tant per mi: aneu a dormir i no us gireu de l'altre costat.[48]

Tirant es va posar a riure i li va dir:

—Vós sou de natura angèlica, que sempre doneu bons consells.

—Qui dóna consell —va dir Plaerdemavida— és forçat que hi posi del seu.[49]

—Digueu, donzella —va dir Tirant—, vós no sabeu que moltes vegades s'esdevé que a qui creu un mal consell pot ser que alguna vegada li vingui dany i deshonor?

I així se separaren.

Durant la nit, Tirant va pensar en tot el que la donzella li havia dit. L'endemà al matí l'emperador va fer cridar el capità, i ell hi va anar de seguida i se'l va trobar que es vestia. La princesa hi havia anat per servir-lo i anava amb una gonella de brocat, sense drap de pits i amb els cabells una mica despentinats que li arribaven gairebé a terra. Quan Tirant va arribar a prop de l'emperador, va quedar admirat de veure tanta singularitat en un cos humà com es mostrava en aquell cas en ella. L'emperador li va dir:

—Capità nostre, us prego per Déu que feu tot el possible perquè la vostra marxa amb tota la gent sigui ràpida.

Tirant estava alienat, que no va poder parlar a causa de la visió d'una dama tan singular; i havent estat així una bona estona, va tornar en si i digué:

—Quan he vist la vostra Majestat estava pensant en els turcs i no he comprès el que m'heu dit; per la qual cosa, suplico a la vostra Altesa que em vulgui dir què vol que faci.

L'emperador, sorprès en veure que tenia la vista tan alterada i

---

48. *no us gireu de l'altre costat*: no canvieu d'opinió. Les paraules de Plaerdemavida, però, tenen un doble sentit, que provoca la rialla de Tirant atès que insinuen que es pot dedicar a la sodomia.

49. En un negoci, *posar-hi del seu* vol dir 'aportar-hi diners'. En aquest context, significa 'contribuir-hi amb la seva experiència'.

que no l'havia entès, va creure'l, ja que va estar mitja hora sense consciència. I li va tornar a repetir el que li havia dit. Tirant va respondre:

—Senyor, la vostra Majestat deu saber que la crida[50] va per la ciutat notificant a tothom que la partida serà dilluns, i avui és divendres. Així, senyor, la nostra partida és molt pròxima i quasi tothom ja és a punt.

Tirant es va posar darrere l'emperador, per tal que no el veiés, amb les mans davant la cara a la vista de la princesa. Ella i les altres donzelles van esclatar en grans rialles i Plaerdemavida, davant de l'emperador, va dir aquestes paraules mentre encara tenia les mans davant de la cara:

—Qui vol tenir la senyoria completa cal que tingui el poder de prendre o de deixar això que estima, o el seu vassall, perquè sense poder la senyoria val poc.

I va agafar l'emperador del braç, el va fer girar envers ella i li va dir:

—Si has fet res digne de premi, pertoca a Tirant, que va derrotar i vèncer el Gran soldà en una intensa batalla campal i li va fer perdre la fictícia i temerosa follia que tenia de senyorejar tot l'Imperi grec; encara que amb belles paraules ell va pensar que venceria l'antic emperador, que és aquí present, i que van anar a cercar refugi, desemparant els reis turcs i el soldà, a la gran fortalesa de la ciutat de Bellpuig, no pas amb passos suaus, perquè portava el temor en els seus peus. Tirant ha guanyat el premi gràcies a la pròpia virtut; i si jo tingués ceptre reial o fos la senyora de l'Imperi grec i la princesa Carmesina hagués sortit de les meves entranyes, sé bé a qui la donaria per muller. Però la follia de totes nosaltres, les donzelles, és que no desitgem altra cosa que honor, estat i dignitat, i per aquesta causa en van tantes per mal camí. De què em valdria a mi unir-me al llinatge de David i, per falta d'un bon cavaller, perdre el que tinc? I tu, senyor, que desitgis reforçar la teva ànima, atès que tens el cos estalvi de les bata-

---

50. *crida*: persona que té per ofici o encàrrec fer les crides o pregons.

lles passades, i no tinguis l'esperança de donar a la teva filla un altre marit... ho he de dir? No ho faré... cal que ho digui: al virtuós Tirant. Tingues aquest consol en vida i no esperis que s'hagi de fer després dels teus benaventurats dies, perquè si permets les coses que la natura permet i han estat ordenades per Déu, aconseguiràs la glòria en aquest món i el paradís en l'altre. I no vull parlar més dels meus actes, perquè no és propi d'una donzella dir el que ella desitja ser, sinó que ho atorga naturalment als homes. No vull disminuir el premi dels meus treballs. Mira, poderós senyor i el més cristianíssim dels reis, no vulguis fer com aquell rei de Provença que tenia una molt bellíssima filla que fou demanada com a muller pel gran rei d'Espanya; i el rei l'estimava tant, que no la va voler casar mai en sa vida. Amb el transcurs del temps ella va envellir a la casa del rei, son pare, i ja era vella quan va morir el rei i no va trobar qui la volgués per muller: li van prendre la terra i la van fer morir fora del regne, que va morir a l'hospital d'Avinyó, i la innocent donzella va consentir a la pietat del pare.

Llavors es va girar cap a la princesa i li va dir:

—Tu, que procedeixes d'alta sang, pren marit aviat i ben aviat; i si el teu pare no te'n dóna, ja te'n donaré jo; i no et donaré sinó Tirant, ja que serà una gran cosa, marit i cavaller, qui el pugui tenir en la seva vida. Aquest té més virtut que tots els altres, perquè moltes vegades s'ha esdevingut que per un sol cavaller han estat fets molts actes singulars, i s'han portat a fi moltes conquestes que en principi anaven a una destrucció total. Si no, fixi's la vostra Majestat en el desordre del vostre imperi i en el punt en què estava abans que Tirant vingués en aquesta terra.

—Calleu, donzella, per mercè –va dir Tirant–, i no digueu unes paraules tan excessives de mi.

—Aneu a les batalles –va dir Plaerdemavida– i deixeu-me estar a mi a les cambres de salut.

Va respondre l'emperador:

—Pels ossos del meu pare, l'emperador Albert, tu seràs la donzella més singular del món, i com més va més bé et vull. I ara mateix et faig donació de cinquanta mil ducats del meu tresor com a gratificació.

Ella es va agenollar a terra i li va besar la mà. La princesa estava molt torbada pel que havia dit, i Tirant estava mig avergonyit. L'emperador, quan es va acabar de vestir, se'n va anar a missa. Després, Tirant va tornar a acompanyar l'emperadriu i la seva filla. Sortint de missa, Tirant va tenir l'avinentesa de parlar amb la princesa i li va dir paraules d'aquest estil.

CCXXX

Les raons que es van donar entre Tirant i la princesa, i Plaerdemavida

—Qui promet en deute es posa.

—La promesa —va dir la princesa— no es va fer amb acte de notari.

I Plaerdemavida, que era prop d'ella i va sentir la resposta de la princesa, ràpidament li va dir:

—No, senyor, que no calen testimonis ni encara menys acte de notari per a fer una promesa de compliment d'amor i exercir-lo. Ai, tristes de nosaltres, si cada vegada s'havia de fer amb una escriptura! No n'hi hauria prou amb tot el paper del món. Sabeu com es fa? A les fosques, sense testimonis, que mai no es pot errar la posada.

—Oh, aquesta boja! —va dir la princesa—. Sempre em parlaràs amb sinceritat?

Per més que Tirant li va dir i li va suplicar, mai no va voler fer res per ell.

Quan van ser dins la cambra, l'emperador va cridar Carmesina i li va dir:

—Digueu, filla meva, les paraules que ha dit Carmesina, d'on han sortit?

—Certament, senyor, no ho sé —va dir la princesa— ni li he parlat mai d'això; però és boja i atrevida a l'hora de parlar i diu tot el que li ve a la boca.

–No és boja –va dir l'emperador–, sinó que és la donzella més sincera de tota la meva cort, i és donzella de bé i dóna sempre bons consells. Quan véns al consell, no veus que, quan la faig parlar, ho fa amb gran discreció? Tu voldries el nostre capità per marit?

I la princesa es va tornar vermella i, avergonyida, no va poder dir res. I després d'una estona, que ja havia recobrat l'ànim, va dir:

–Senyor, després que el vostre capità haurà complert la conquesta dels moros, jo faré tot el que la Majestat vostra em manarà.

Tirant va passar a la cambra de la duquessa i va fer venir Plaerdemavida, i quan ja hi era li va dir:

–Oh, gentil dama!, jo no sé quin remei puc prendre, perquè la meva ànima es baralla amb el cos, i tan aviat desitjo la mort com la vida, si vós no doneu remei al meu dolor.

–Jo us el donaré aquesta nit –va dir Plaerdemavida–, si vós em voleu creure.

–Digueu, donzella –va dir Tirant–, així Déu us augmenti l'honor: les paraules que heu dit en presència de l'emperador, de la senyora princesa i de mi, qui us ha pregat que les diguéssiu? M'heu causat una preocupació tan gran, que desitjo molt saber-ho.

–La meva senyora –va dir Plaerdemavida– té aquest mateix pensament que vós teniu, i també l'emperador, que m'ho ha demanat i jo li he donat altres raons per les quals vós sou digne de tenir la princesa per muller. I a qui la poden donar millor que a vós? I si en les coses del món no hi ha principi, tampoc no hi pot haver fi. L'emperador es pren bé tot el que jo li dic. La causa d'això us la diré en secret: ell fa veure que està enamorat de mi, que em voldria alçar la camisa si jo hi consentia, i m'ha jurat sobre els sants Evangelis que, si l'emperadriu es moria, de seguida em prendria per muller. I m'ha dit: «En senyal de fe, besem-nos; i aquest bes serà poca cosa, però serà més que no res.» I jo li vaig respondre: «Ara que sou vell sou luxuriós, i quan éreu jove éreu virtuós?» I no han passat gaires hores que m'ha donat aquest enfilall de perles grosses. I ara està demanant a la seva filla si us desitja per marit. I sabeu per què li ho he dit? Perquè si vós entràveu de nit a la seva cambra i s'errés per mala sort, i me'n volguessin fer responsable, que tingui pavès[51] per cobrir-me dient: «Senyor, ja ho havia dit a la vostra Majestat. La princesa em va manar que el fes entrar.» I fent-ho així tothom haurà de callar.

Va dir Tirant:

—Digueu-me la forma com s'ha de fer, que desitjo molt saber-ho.

Plaerdemavida no va tardar a parlar així.

CCXXXI

Com Plaerdemavida va posar Tirant al llit de la princesa

—L'esperança que tinc que obtingueu el vostre delit m'obliga a servir-vos, tot i que sé que la meva culpa és gran i sobrepassa els límits; però ara us conec més i sé que sou mereixedor d'aquest premi. I perquè conegueu la meva benvolença i com desitjo servir i honrar la vostra Senyoria, a l'hora que l'emperador voldrà sopar, feu-vos trobadís i deixeu de banda els forts pensaments, perquè jo us prometo de fer-vos entrar a la cambra privada de la meva senyora. I durant la nit reposada augmentarà el vostre plaer, perquè arriben els entreteniments de les persones enamorades, combatent la sol·licitud tenebrosa amb doble poder.

I mentre parlaven d'aquestes coses, l'emperador, que es va assabentar que Tirant era a la cambra de la duquessa, el va fer anar a buscar i va interrompre la seva conversa.

Quan Tirant es va trobar amb l'emperador al consell, van parlar molt de la guerra i de les coses necessàries per a fer-la. I en aquella hora ja tots anaven amb els vestits de guerra.

Quan fou negra nit, Tirant va anar a la cambra de la duquessa. Com que l'emperador sopava amb les dames, Plaerdemavida va

---

51. *pavès*: escut, protecció moral.

entrar a la cambra molt alegre i va agafar Tirant de la mà i se'l va emportar. Ell anava vestit amb un gipó[52] de setí carmesí, abrigat amb una capa i amb una espasa a la mà. I Plaerdemavida el va fer entrar a la cambra privada. Hi havia una gran caixa, a la qual havien fet un forat perquè pogués respirar. El bany que tenien preparat estava davant de la caixa. Després de sopar, les dames van dansar amb els galants cavallers i, com que van veure que Tirant no hi era, van deixar de dansar. L'emperador es va retirar a la seva habitació, i les donzelles se'n van anar i van deixar la princesa a la seva cambra privada, allà on era Tirant, sola amb les donzelles que l'havien de servir. Plaerdemavida, amb l'excusa de treure una tovallola prima de lli per al bany, va obrir la caixa i la va deixar una mica oberta i va posar-hi roba a sobre perquè cap de les altres no ho veiés. La princesa es va començar a despullar, i Plaerdemavida li va preparar el lloc allà on Tirant la podia veure perfectament. Quan ella es va quedar tota nua, Plaerdemavida va agafar una candela encesa per tal de satisfer Tirant: li mirava el cos pam a pam i li deia:

—A fe meva, senyora, si Tirant fos aquí, si us tocava amb les seves mans com faig jo, crec que s'ho estimaria més que si el feien senyor del reialme de França.

—No t'ho pensis pas —va dir la princesa—, que preferiria més ser rei que no pas tocar-me així com ho fas tu.

—Oh, senyor Tirant, i on sou vós ara? Com és que no sou aquí a prop perquè poguéssiu veure i tocar la cosa que estimeu més en aquest món i en l'altre? Mira, senyor Tirant, vet aquí els cabells de la senyora princesa; jo els beso en nom teu, que ets el millor cavaller del món. Vet aquí els ulls i la boca: jo la beso per tu. Vet aquí les seves cristal·lines mamelles, que tinc cadascuna en una mà: les beso per tu, mira que són petites, dures, blanques i llises. Mira, Tirant, vet aquí el seu ventre, les cuixes i el secret. Oh, trista de mi, que si fos home, aquí voldria acabar els meus darrers dies! Oh, Tirant, on ets tu ara? Per què no véns a mi, que et crido tan pia-

---

52. *gipó*: peça de vestir, amb mànigues, ajustada i cenyida al cos, i que cobreix el tronc des de les espatlles fins a la cintura.

dosament? Les mans de Tirant són dignes de tocar aquí on jo toco, i no un altre, perquè no hi ha ningú que no es volgués ofegar amb aquest mos.

Tirant mirava tot això i hi trobava el més gran plaer del món per la molta gràcia amb què Plaerdemavida ho raonava, i li venien grans temptacions de sortir de la caixa.

Després d'haver estat una estona fent broma, la princesa va entrar a la banyera i va dir a Plaerdemavida que es despullés i que hi entrés amb ella.

–Ho faré amb una condició.

–Quina serà? –va dir la princesa.

Va respondre Plaerdemavida:

–Que permeteu que Tirant estigui una hora en el vostre llit amb vós a dins.

–Calla, que ets boja! –va dir la princesa.

–Senyora, feu-me la mercè de dir-me: si Tirant venia una nit aquí, que cap de nosaltres no ho sabés, i el trobéssiu al vostre costat, què diríeu?

–Què li hauria de dir? –va dir la princesa–. Pregar-li que se n'anés; i si no se'n volia anar, abans decidiria callar que ser difamada.

–A fe meva, senyora –va dir Plaerdemavida–, jo també ho faria així.

I, mentre estaven parlant, va entrar la Viuda Reposada, i la princesa li va demanar que es banyés amb ella. La Viuda es va despullar completament i es va quedar en mitges vermelles i una còfia de lli al cap. I, tot i que ella tenia un cos molt bell i ben disposat, les mitges vermelles i la còfia al cap la desfavorien tant que semblava que fos un diable; i, certament, qualsevol dona o donzella que us mireu així vestida, per molt bella que sigui, us semblarà molt lletja.

Un cop acabat el bany, van portar el ressopó a la princesa, que consistia en un parell de perdius amb malvasia de Càndia i tot seguit una dotzena d'ous amb sucre i canyella. Després es va ficar al llit per dormir.

La Viuda se'n va anar a la seva cambra amb les altres donzelles, tret de dues que dormien a la recambra. Quan totes es van haver adormit, Plaerdemavida es va llevar i, en camisa, va treure Tirant de la caixa i el va fer despullar silenciosament perquè cap no el sentís. I a Tirant, tot el cor, les mans i els peus li tremolaven.

—Què és això? —va dir Plaerdemavida—. No hi ha home al món que sigui valent amb les armes i que no tingui por entre les dones. En les batalles no teniu por de tots els homes del món, i aquí tremoleu per la vista d'una sola donzella. No temeu res, que jo seré sempre amb vós i no me'n separaré.

—Per la fe que dec a Déu Nostre Senyor, jo estaria més content de participar en un combat, en camp clos, a tota ultrança, contra deu cavallers, que no pas cometre un acte com aquest.

I ella tota l'estona l'havia d'encoratjar i d'animar fins que ell es va sobreposar. La donzella el va agafar de la mà i ell, tremolant, la va seguir i li va dir:

—Donzella, la causa del meu temor és la vergonya, ja que vull un bé extrem per a la meva senyora. Quan penso que la seva Majestat no en sap res, més m'estimaria tornar-me'n que seguir endavant. I, encara més, que no s'alteri totalment quan em vegi: que jo desitjo abans la mort, que no pas ofendre la seva Majestat. La voldria posseir amb amor més que amb dolor. I com que veig que l'hauré de conquistar amb gran desordre i amb pràctiques il·lícites, la meva voluntat no concorda amb la vostra. Us prego per Déu, virtuosa donzella, que ens en tornem, perquè prefereixo perdre la cosa que he estimat més i allò que tant he desitjat, que fer res que li pugui causar un greuge. Ja em sembla una gran culpa el fet d'haver vingut aquí, que m'hauria d'haver matat a mi mateix per haver comès una falta com aquesta. I no us penseu, donzella, que abandono només per temor, sinó per l'amor extrem que sento per la seva Altesa. Quan ella sàpiga que li he estat tan a prop i que, per amor, m'he estat d'enutjar-la, encara m'ho tindrà més en compte i sentirà un amor infinit per mi.

Plaerdemavida es va enfadar molt en sentir les paraules de Tirant i, molt descontenta, va parlar d'aquesta manera.

CCXXXII

Reprensió que fa Plaerdemavida a Tirant

–Vós sou el més gran en cap dels vicis i el primer en l'ordre de les culpes mortals. Ara és hora de fer molts raonaments? Si no feu això, sereu la causa de fer-me viure una vida dolorosa i d'abreujar-me els dies. I, per testimoniar les vostres paraules falses i dissimulades, parlaré clarament i seran mostrats els vostres mals, que demanen un enginy piadós, per tal que els que em sentiran i ho sabran sentin misericòrdia per mi. Us aviso que he perdut l'esperança que, si ho recordeu, davant la duquessa, van sembrar les vostres paraules, quan em vau pregar, amb raons fortes, de fer allò de què ara fugiu: que, de donzella que és, la faríeu tornar dona. I sabeu bé que jo no ho vaig diferir, sinó que vaig ser ràpida, segons mostra l'experiència, ja que us he portat en aquesta delitosa cambra, més plaent que perillosa. I ara, que us tinc agafat de les mans i heu d'entrar, veig que el vostre cor s'acovardeix d'haver obtingut això que s'aconsegueix d'un cavaller vençut. I vull veure la fi d'aquest cas, que ja estic farta d'esperar la vostra demanda, i em sembla que us agraden més les paraules que els fets, i més cercar que trobar. Per tal com a mi em sembla una cosa convenient de fer, us asseguro que per esperar tant amb l'oferta dita més amunt, ja que us acontenten les paraules vanes i dubteu de la fi, faré grans crits que mostraran a l'emperador i als altres que heu entrat aquí mitjançant la força. Oh, cavaller de poc coratge!, la por que us fa la donzella us impedeix d'acostar-vos-hi? Oh, capità desgraciat!, tan poca força teniu que em goseu dir aquestes paraules? Feu l'esforç! Quan l'emperador vindrà, quina excusa li direu? I jo us posaré en evidència, i Déu i el món coneixeran que heu parlat malament, i en vós s'ajuntaran en aquest cas amor i temor. I us recordo que en aquest cas perdreu el vostre honor i fama. Feu el que us dic i us donaré una vida segura, i us faré portar la corona de l'Imperi grec, perquè ja ha arribat l'hora que no us puc dir altra cosa sinó que aneu a fer ràpidament aquells honrosos passos per estar prop de la princesa, que, en cas contrari, no podreu fer, i fareu d'ara endavant el vostre camí.

Tirant, veient el parlar obert de Plaerdemavida, en veu baixa va començar a parlar.

CCXXXIII

Rèplica que Tirant fa a Plaerdemavida

–El temor de quedar avergonyit m'impedeix de guanyar el paradís en aquest món i el repòs en l'altre. Però diré el que em sembla, ja que, en temps d'adversitat, els parents i els amics es tornen enemics. I el meu innocent desig no és altre sinó servir aquella de qui sóc i seré tot el temps que la vida m'acompanyarà; i vull viure i morir amb aquest article de fe. I si la teva voluntat i el meu desig es posessin d'acord, la meva ànima se sentiria molt consolada. Tot el meu mal no és altre que el temor a la vergonya. A més, és negra nit i no puc veure allò que desitjo: hauré de creure que és la seva Majestat. En aquest cas, em despullo del temor i la vergonya i em vesteixo d'amor i pietat. Per la qual cosa us prego que hi anem sense més tardança, que vegi jo aquest cos glorificat: com que no hi ha llum, el veuré amb els ulls del pensament.

–Com que us he portat amb tants enginys –va dir Plaerdemavida–, per delit i profit vostre, en defensa del meu honor, quedeu-vos aquí!

I el va deixar anar de la mà. Tirant es va trobar que Plaerdemavida l'havia deixat i no sabia on era, perquè no hi havia llum en tota la cambra. I el va fer estar així, en camisa i descalç, durant mitja hora: ell la cridava tan baix com podia, i ella prou que el sentia, però no li volia respondre.

Quan Plaerdemavida va veure que ja l'havia refredat prou, va sentir pietat, se li va acostar i li va dir:

–Aquest és el càstig per als qui estan poc enamorats! Com podeu arribar a pensar que pugui desplaure a cap donzella, sigui d'alta o de baixa condició, ser estimada? I aquell que per més vies honestes, és a dir secretes, de nit o de dia, per finestra, porta o terrat, hi podrà entrar, per elles és considerat el millor. Apa que em desplauria a mi que Hipòlit fes una cosa així! Que si ara l'estimo amb un amor, llavors l'estimaria amb quaranta. I si no n'estava segura, no em desplauria que m'agafés pels cabells, m'arrosegués per la cambra i, de grat o per força, em fes callar i em fes fer tot el que ell volgués. I m'estimaria molt més que es comportés com un home, que no pas que fes com vós dieu, que no la voldríeu desplaure en res. L'heu d'honrar, estimar i servir en altres coses; però, quan sigueu en una cambra a soles amb ella, no li guardeu cap cortesia. No coneixeu el que diu el psalmista, *manus autem*?[53] És la glossa: si voleu posseir una dona o una donzella, no tingueu vergonya ni temor; i si ho feu, no els semblareu millor.

–A fe meva – va dir Tirant–, donzella, vós m'heu detallat més les meves faltes que no ho hagi fet mai cap confessor, per gran mestre en teologia que fos! Us prego que em porteu ràpidament al llit de la meva senyora.

Plaerdemavida l'hi va portar i el va fer estirar al costat de la princesa. I el capçal del llit no tocava a la paret. Quan es va haver estirat, la donzella li va dir que no es mogués fins que ella no li ho digués. I ella es va posar dreta al capçal del llit i va col·locar el seu cap entre Tirant i la princesa, i tenia la cara girada envers la princesa; i com que les mànigues de la camisa li feien nosa, se les va treure. I va prendre la mà de Tirant i la va posar sobre els pits de la princesa, i ell li va tocar les mamelles, el ventre i d'allà cap avall. La princesa es va despertar i va dir:

–Valga'm Déu, que n'ets de pesada! Mira si em pots deixar dormir.

Plaerdemavida, amb el cap sobre el coixí, va dir:

–Oh, donzella, que poc soferta que sou! Acabeu de sortir del bany i teniu les carns llises i delicades: m'agrada tocar-les.

---

53. La citació és d'un proverbi bíblic i significa que 'només triomfen els atrevits'.

—Toca on vulguis —va dir la princesa—, però no posis la mà tan avall.

—Fareu bé de dormir i deixar-me tocar aquest cos que és meu —va dir Plaerdemavida—, que jo sóc aquí en lloc de Tirant. Oh, traïdor de Tirant, i on ets tu? Si tinguessis la mà on jo la tinc, com n'estaries, de content!

I Tirant tenia la mà sobre el ventre de la princesa, i Plaerdemavida tenia la seva mà sobre el cap de Tirant, de manera que, quan veia que la princesa s'adormia, afluixava la mà i llavors Tirant tocava a pler; i quan ella es volia despertar, estrenyia el cap a Tirant i s'estava quiet. Així estigueren més d'una hora, i ell no va deixar de tocar-la.

Quan Plaerdemavida es va adonar que ella dormia profundament, va afluixar la mà del tot, i ell, temptant la paciència, va voler donar fi al seu desig. La princesa es va començar a despertar i va dir mig adormida:

—Què diantre fas? No em pots deixar dormir? T'has tornat boja, que vols provar de fer allò que va contra la teva natura?

I no va passar gaire estona que ella es va adonar que era més que una dona, i no ho va voler consentir i va començar a fer grans crits. Plaerdemavida li tancava la boca i, perquè cap de les altres donzelles no ho sentís, li va dir a l'orella:

—Calleu, senyora, no vulgueu difamar la vostra persona, que us podria sentir la senyora emperadriu. Calleu, que aquest és el vostre cavaller, que es deixarà morir per vós.

—Oh!, maleïda siguis —va dir la princesa—, i no has tingut por de mi ni vergonya del món! Sense saber-ho jo, m'has posat en un mal pas i en perill de difamació!

—Senyora, el mal ja està fet —va dir Plaerdemavida—. Poseu remei a vós i a mi: i em sembla que callar és el remei més segur i el que més pot valdre en aquests afers.

I Tirant, en veu baixa, li ho suplicava com millor podia. Ella, veient-se en un pas tan estret, per una part se sentia vençuda d'amor, i per l'altra tenia por. Però la por excel·lia l'amor i va decidir de callar i no dir res.

Quan la princesa va fer el primer crit, el va sentir la Viuda Reposada, i va endevinar de seguida que la causa d'aquest crit havia estat Plaerdemavida i que Tirant devia ser amb ella. Va pensar que, si Tirant posseïa la princesa, ella no podria satisfer el seu desig amb ell. I ja tothom callava, i la princesa no deia res, sinó que es defensava amb paraules gracioses perquè la plaent batalla no arribés a la fi. La Viuda es va asseure al llit, va fer un fort crit i va dir:

–Què teniu, filla?

Va despertar totes les donzelles amb tants crits i soroll que en va arribar notícia a l'emperadriu. Totes es van llevar corrents, les unes despullades, les altres en camisa, i van anar de pressa a la porta de la cambra, que van trobar molt ben tancada, i van demanar llum amb forts crits.

I mentre trucaven a la porta i buscaven llum, Plaerdemavida va agafar Tirant pels cabells i el va apartar d'allà on hauria volgut acabar la seva vida. I el va posar a la recambra, el va fer saltar en un terrat que hi havia i li va donar una corda de cànem perquè baixés a l'hort.

Des d'allà, podria obrir la porta, ja que així ho havia preparat ella, perquè, abans de fer-se de dia, se'n pogués anar sortint per una altra porta. Però l'avalot i els crits que feien les donzelles i la Viuda eren tan grans, que no el va poder treure per on ella tenia pensat, sinó que es va veure forçada a treure'l pel terrat i li va donar la corda llarga. Després, va tancar la finestra de la recambra i se'n va tornar ràpidament on era la seva senyora.

Tirant es va lligar la corda ben fort, però, amb la pressa que tenia per no ser vist ni conegut, no va pensar a comprovar si la corda tocava a terra.

Es va deixar anar corda avall, però li faltaven més de dotze metres per arribar a terra. Com que els braços no el podien sostenir, es va veure forçat a deixar-se caure i es va donar un cop tan fort que es va trencar la cama.

Deixem Tirant, que està estirat a terra i no es pot moure.

Quan Plaerdemavida va haver tornat, van portar el llum i totes van entrar amb l'emperadriu. Ella de seguida li va demanar què havia estat aquell avalot i per quina raó havia cridat.

—Senyora —va dir la princesa—, una gran rata ha saltat sobre el meu llit i m'ha pujat a la cara: m'he espantat tant que he cridat molt fort, perquè estava fora de mi. I és que m'ha esgarrapat la cara amb l'ungla: si m'hagués encertat l'ull, quin mal que m'hauria fet!

Però aquella esgarrapada la hi havia fet Plaerdemavida quan li tapava la boca perquè no cridés.

L'emperador també s'havia llevat i, amb l'espasa a la mà, va entrar a la cambra de la princesa. Quan va saber el que havia passat amb la rata, la va buscar per totes les cambres. Però la donzella va ser discreta: després que l'emperadriu entrés, i mentre parlava amb la seva filla, ella va saltar al terrat per treure la corda ràpidament i va sentir els laments de Tirant. De seguida va deduir que havia caigut, però no va dir res i se'n va tornar a la cambra. I hi havia tant de rebombori per tot el palau, entre el soroll que feia la guàrdia i el dels oficials de la casa, que era espantós de veure i de sentir: que si els turcs haguessin entrat dins la ciutat, no hi hauria hagut més enrenou.

L'emperador, que era un home molt saberut, va pensar que això era més que una rata: va fer buscar dins els cofres i va fer obrir totes les finestres; i si la donzella hagués trigat una mica a treure la corda, l'emperador l'hauria trobada.

El duc i la duquessa, que coneixien el fet, en sentir tant d'enrenou, van pensar que Tirant havia estat descobert. Penseu com devia tenir el cor, el duc, en veure Tirant en aquest tràngol, ja que creia que l'havien mort o empresonat. Es va armar immediatament per tal d'ajudar Tirant i es deia a si mateix:

—Avui perdré tota la meva senyoria, però Tirant es troba en un mal pas.

—Què faré jo —va dir la duquessa—, si les meves mans no tenen prou força per a posar-me la camisa?

Quan el duc es va haver armat, va sortir de la seva cambra per veure què havia passat i per saber on era Tirant; i, de camí, va trobar l'emperador que tornava a la seva cambra. I el duc li va demanar:

—Què ha estat això, senyor? Quina ha estat la gran novetat?

Va respondre l'emperador:

—Les donzelles, que són forassenyades i qualsevol cosa els fa por. Segons m'han explicat, una rata ha passat per la cara de la meva filla i, segons diu ella, li ha senyalat la galta. Torneu-vos-en a dormir, que no cal que hi aneu.

El duc se'n va tornar a la seva cambra i ho va explicar a la duquessa, i tots dos es van sentir molt alleujats que no li hagués passat res a Tirant. Aleshores, el duc va dir:

—Per Nostra Dona, estava tan decidit, que si l'emperador hagués empresonat Tirant, amb aquesta atxa hauria mort l'emperador i tots els seus partidaris; i, després, Tirant o jo ens hauríem proclamat emperadors.

—Però val més que les coses hagin anat així —va dir la duquessa.

Es va llevar corrents i se'n va anar a la cambra de la princesa. Quan Plaerdemavida la va veure, li va dir:

—Senyora, demano a la vostra Mercè que us estigueu aquí i no consentiu que ningú malparli de Tirant, i jo aniré a veure què fa.

Quan fou al terrat, no gosava parlar per por que no la sentís algú. I va sentir com ell es queixava fort i parlava d'aquesta manera.

[Resum dels capítols CCXXXIV al CCXLVII]

Hipòlit i el vescomte de Branches van a socórrer Tirant. Com que és impossible de dissimular la lesió de Tirant, decideixen fer veure que ha tingut un accident. La convalescència serà llarga. Tot això passa justament quan els infidels han rebut reforços de l'Àfrica, cosa que neguiteja l'emperador. Mentre Tirant es recupera, Plaerdemavida fa de mitjancera entre els enamorats, que s'intercanvien cartes.

CCXLVIII

El principi dels amors d'Hipòlit i de l'emperadriu

Un cop acabada d'escriure la carta, Tirant la va donar a Hipòlit i li va pregar que la donés a la princesa quan Plaerdemavida hi fos present, i que esperés resposta, si era possible. Hipòlit va donar la carta com li havia estat manat, i la princesa la va agafar amb gran plaer. I com que l'emperadriu venia per veure la seva filla, ella no la va poder llegir de seguida; però com que ella va veure que l'emperadriu estava parlant amb Hipòlit per demanar-li sobre el mal de Tirant i ell li responia, la princesa es va aixecar d'allà on seia i va entrar a la cambra amb Plaerdemavida per llegir la lletra.

L'emperadriu va dir a Hipòlit, després d'haver parlat molt de la malaltia de Tirant:

–Hipòlit, veig la teva cara tota alterada, prima i descolorida, i no sense causa, ja que tota la parentela de Tirant deu estar amb molt de dolor per la malaltia d'un tan valentíssim cavaller. Això mateix em passa a mi, que he passat i passo molt dolor, perquè durant la nit em desperto amb una aflicció com si em fos marit, fill o germà o algun parent pròxim. Després de recordar i pensar en el seu mal, me'n torno a dormir de bon grat.

Ràpidament, Hipòlit li va respondre:

–Si jo estigués a prop d'alguna senyora, que em trobés en el seu llit, per molt dormidora que fos, no la deixaria reposar tant com ho fa la vostra Majestat. Però això no em sorprèn en el cas de la vostra Altesa, perquè dormiu sola i ningú no us diu res, ni us fa cercar el llit voltejant: això és el que causa, senyora, la flaquesa i l'alteració de la meva cara, i no gens la malaltia del meu senyor Tirant. I cada dia suplico a Nostre Senyor de tot cor que em vulgui treure aquests pensaments tan dolorosos que la meva persona sosté. Només saben què és el dolor aquells que senten què és l'amor.

L'emperadriu va deduir que Hipòlit devia estimar, i que tota la tristor que manifestava la seva cara no devia ser altra cosa sinó passió d'amor. I encara més, va pensar que Plaerdemavida, que en presència de moltes donzelles deia que amava Hipòlit, podia ser la raó del seu mal. I l'emperadriu no va tardar amb paraules d'aquest estil a interrogar Hipòlit sobre qui era la dama que li feia passar una tal pena, sense haver-li mercè.

CCXLIX

Com l'emperadriu va demanar a Hipòlit qui li feia aquell mal

–Així Déu et deixi complir el teu desig en aquest món i aconseguir el paradís en l'altre. Digues-me, qui et fa passar tants mals?

–La meva trista sort –va dir Hipòlit–, que em fa desconèixer Déu i tots els sants. I aquí on estic, no pensi la Majestat vostra que la meva vida sigui menys perillosa que la de Tirant.

–Si vols actuar bé –va dir l'emperadriu–, no has de tenir vergonya de dir la glòria dels teus actes. Posat que m'ho expliquessis a mi, el premi per haver tingut aquest honor em farà callar sempre.

–Qui gosa manifestar el seu dolor –va dir Hipòlit– a una senyora de tanta excel·lència? Què falta a la vostra Majestat sinó portar diadema de santa, que es cantés el *Te Deum laudamus* i que totes les esglésies fessin festa de dotze lliçons, perquè us haurien de nomenar deessa de la terra per tot el món?

–No hi ha cos humà –va dir l'emperadriu– que no hagi d'escoltar, sigui bo o dolent, el que cadascú vol dir, ja que el Donador de totes les coses ha donat llibertat franca; i com de més alta dignitat és, amb més humilitat ha d'escoltar.

–Senyora –va dir Hipòlit–, jo bé que atorgaria el que la vostra Altesa diu, si el meu raonar fos compost de matafaluga daurada, és a dir, de lleis de justícia; però jo no tinc vassalls, béns ni heretat que pugui posar davant la Majestat vostra. I, com que tant ho voleu saber, és amor, amor, el que jo tinc: i no és roba que em pugui treure.

–No em falla la coneixença –va dir l'emperadriu– del que dius, però convé que la paraula sigui proporcionada a la cosa que es requereix. Tu dius que estimes, i jo et demano: a qui?

—Els cinc sentits corporals em fallen —va dir Hipòlit— per dir-ho.

—Oh, mancat d'enteniment! —va dir l'emperadriu—. Per què no manifestes el que et fa mal?

—Són quatre coses —va dir Hipòlit— que, per la seva excel·lència, sobrepassen totes les altres, i la cinquena és la declaració de la veritat; i com que la Majestat vostra és qui el cel ha pronosticat que jo estimi i serveixi tots els dies de la meva vida...

I, dit això, no va gosar tenir més cara; se'n va anar sense dir res més. L'emperadriu el va cridar quan se n'anava; i Hipòlit no va gosar tornar de vergonya que tenia, i va pensar per si mateix que, si li demanava per què no havia tornat, li diria que no l'havia sentida. Se'n va anar cap a la seva posada pensant que havia parlat malament i obrat pitjor, i es va penedir molt del que havia dit.

L'emperadriu es va quedar pensant en el que Hipòlit li havia dit, i mai no li va sortir del cor mentre va viure en aquest món.

Quan Hipòlit va saber que l'emperadriu havia tornat a la seva cambra, va sentir vergonya i temor del gran atreviment que havia tingut, se'n va penedir i desitjava haver partit per no haver de presentar-se davant l'emperadriu. I va haver de tornar al palau per recobrar la resposta de la princesa. Va entrar dins la cambra i la va trobar que estava estirada sobre les faldilles de Plaerdemavida, en companyia d'altres donzelles afectes a Tirant. Hipòlit li va suplicar que li donés resposta de la carta que li havia portat. La princesa no va tardar a fer a Hipòlit, de paraula, la següent resposta.

[Resum dels capítols CCL al CCLIX]

Hipòlit no aconsegueix que la princesa li escrigui una carta per a Tirant. L'emperadriu també se sent atreta pel jove Hipòlit i, amb l'excusa d'anar a veure Tirant a la seva posada, prepara una trobada amb el jove.

CCLX

La resposta que l'emperadriu va fer a Hipòlit

—La gran virtut que mostres i la teva condició afable em forcen a ultrapassar els límits de la castedat, ja que veig que ets digne de ser estimat. I si amb juraments dignes de fe m'assegures que no ho sabrà, per boca teva, ni l'emperador ni ningú, pren de mi tot allò que et plagui. I si vols aconseguir un delit complet, no pensis en els perills que poden esdevenir-se, ja que seria una seguretat cruel veure'm en perill, dolor i difamació insuportable i, a més, la meva vida perillaria. Però jo confio en la teva gran virtut i crec que ho faràs tot al meu gust i tal com t'ho explico: quan arribi la nit callada, que alleuja els treballs i dóna repòs a totes les criatures, estigues segur d'esperar-me en aquell terrat que hi ha prop de la meva cambra. I, si hi véns, no tinguis cap dubte que jo, que t'estimo extremament, no trigaré gaire a venir, si no m'ho impedeix la mort.

I Hipòlit va voler demanar un dubte que se li havia acudit, però l'emperadriu li va contestar que, si sentia tant d'amor com deien les seves paraules, pensar en tots els perills indicava una gran feblesa d'ànim.

—Fes el que jo et dic i no et preocupis de res més.

Hipòlit va respondre:

—Senyora, jo estaré content de fer tot el que la vostra Majestat em mana.

I, així, va dissipar tots els dubtes que ella tenia.

Un cop acabada la conversa, l'emperadriu va marxar de la posada de Tirant amb totes les altres dames. Quan van arribar al palau, l'emperadriu va dir:

—Anem a visitar l'emperador.

Quan foren amb ell, es van estar entretenint una estona. Després, l'emperadriu es va aixecar neguitejada pel nou amor i va dir a Carmesina:

—Queda't aquí amb aquestes donzelles i fes companyia al teu pare.

I ella se'n va alegrar.

L'emperadriu se'n va anar a la seva cambra i va dir a les seves donzelles que li fessin venir els cambrers, ja que volia treure les cortines de ras i posar-n'hi unes altres de seda totes brodades. I va dir:

—L'emperador m'ha dit que aquesta nit vol venir aquí i desitjo fer-li una mica de festa perquè fa molt de temps que no em visita.

Ràpidament, va ordenar que desfessin tota la cambra i la va fer guarnir amb teles de brocat i de seda; tot seguit, va fer perfumar bé la cambra i el llit.

En acabat de sopar, l'emperadriu es va retirar amb l'excusa que li feia mal el cap. I una donzella anomenada Eliseu li va dir davant de totes les altres:

—Senyora, la vostra Altesa vol que faci venir els metges perquè us donin algun remei?

—Fes el que vulguis —va dir l'emperadriu—, però dóna l'ordre que l'emperador no ho sàpiga, no fos cas que aquesta nit s'excusés de venir.

Els metges van arribar de seguida. Li van prendre el pols i l'hi van trobar molt alterat a causa del neguit que tenia, ja que esperava entrar en lliça de camp clos amb un cavaller jove i dubtava de la perillosa batalla. Els metges li van dir:

—Serà bo, senyora, que la vostra Majestat prengui uns quants confits de cànem amb un got de malvasia, que us alleujaran el cap i us faran dormir.

Va respondre l'emperadriu:

—Em fa l'efecte que dormiré ben poc, a causa del gran mal que sento, i que encara reposaré molt menys, ja que, en l'estat en què em trobo, crec que cercaré tots els racons del llit.

—Senyora —van dir els metges—, si passa el que la Majestat vostra ha dit, feu-nos cridar ràpidament; o, si voleu, us vetllarem a la porta de la vostra cambra o aquí dins, perquè d'hora en hora us puguem mirar la cara, i així passarem tota la nit.

—De moment, no accepto aquest servei ni aquesta oferta —va dir l'emperadriu–, ja que vull tenir tot el llit per a mi, i no vull que cap de vosaltres em miri a la cara si tinc algun neguit, perquè el mal que jo tinc no suporta la vista de ningú. Per tant, ja us en podeu anar, perquè jo em vull ficar al llit.

Els metges van marxar. Quan foren a la porta li van dir que no s'oblidés dels confits i que els remullés bé amb la malvasia, que li anirien molt bé per a l'estómac. I l'emperadriu va ser obedient, que se'n va menjar una gran capsa i després els va remullar molt bé. I va manar que perfumessin molt bé el llit, i va fer posar algàlia en els llençols i en els coixins. Quan tot això fou fet, i ella ben perfumada, va manar a les seves donzelles que se n'anessin a dormir i que tanquessin la porta de la seva cambra.

A la cambra de l'emperadriu hi havia una recambra on ella s'acostumava a pentinar, i en aquesta recambra hi havia una porta que sortia a un terrat, on s'estava Hipòlit. Ella es va llevar de tal manera que Eliseu la va sentir i es va llevar de seguida pensant que tenia algun mal i, en ser a la cambra, li va dir:

–Què té la vostra Altesa que us heu llevat així? Us trobeu més malament que abans?

–No –va respondre l'emperadriu–, al contrari, que em trobo molt bé, però m'havia oblidat de resar aquella oració devota que acostumo a dir cada nit.

Digué Eliseu:

–Senyora, feu-me la mercè de voler-me-la dir.

–De bon grat –va dir l'emperadriu–, és aquesta: de nit, quan vegis la primera estrella, agenolla't a terra i digues tres parenostres i tres avemaries en homenatge als tres Reis d'Orient, perquè, tal com ells foren guiats i protegits de caure en mans del rei Herodes, el gloriós Déu Jesús i la seva Santíssima Mare t'alliberin de la vergonya i de la infàmia, i que totes les teves coses prosperin i augmentin completament. I estigues segura que obtindràs tot el que vulguis. I no em destorbis de la meva devoció.

La donzella se'n tornà al llit i l'emperadriu va entrar a la recambra. I quan va considerar que la donzella ja era al llit i va sentir tocar l'hora fixada, es va posar sobre la camisa un vestit de vellut verd folrat de marts gibelins; i, un cop oberta la porta del terrat, va veure Hipòlit estès a terra per no ser vist des d'enlloc. Ella ho va celebrar perquè va pensar que ell guardaria molt bé el seu honor.

Quan Hipòlit la va veure, si bé la nit es feia cada vegada més fosca, es va aixecar ràpidament, va anar cap a ella i, agenollant-se a terra, li va besar les mans i li volia besar els peus. Però la valerosa senyora no ho va permetre, sinó que el va besar moltes vegades a la boca i, mostrant-li amor infinita, el va agafar de la mà i li va dir que anessin a la cambra. I va dir Hipòlit:

–Senyora, la Majestat vostra m'haurà de perdonar, però mai no entraré a la cambra fins que el meu desig no senti una part de la glòria futura.

I la va agafar en braços, la va estirar a terra i aquí van sentir l'última fi de l'amor.

Després, amb grandíssima alegria, van entrar a la recambra. Hipòlit, mostrant molta satisfacció, perquè li havia donat una veritable pau, amb ànim alegre i gest amorós, va començar a parlar d'aquesta manera.

CCLXI

Com Hipòlit mostra de paraula la satisfacció que té de la seva senyora

–Si gosés dir la glòria que senten els meus sentiments en aquesta hora en què he aconseguit la gran perfecció de la vostra Majestat, no crec que la meva llengua fos capaç de glossar tanta gentilesa com es troba en la vostra Excel·lentíssima persona. No sé amb quin mitjà ni amb quin art de paraules us podré manifestar com és de gran l'amor que sento per vós i com augmenta en mi d'hora en hora, perquè, certament, només us en podria recitar la menor part. I encara m'agradaria menys que la vostra Altesa hagués de sentir per boca d'altri fins a quin punt em té en el seu poder, perquè només de pensar que podia allunyar-me d'una vida tan plena de penes, els meus mals es doblarien.

L'emperadriu no va tardar, amb cara i gest afables, a respondre-li així.

CCLXII

Rèplica que fa l'emperadriu a Hipòlit

—El fet que el meu pensament hagi estat turmentat no treu que no em trobi en el grau més alt de la teva coneixença, per la qual cosa, per no ofendre la gran singularitat que trobo en tu, no em queixaré de tu, ni encara menys de Déu ni de mi mateixa, ja que t'he sabut guanyar amb una gran determinació.

—Senyora —va dir Hipòlit—, ara no és temps d'enraonar gaire, sinó que us demano, com a gràcia i mercè, que anem al llit, i allí parlarem d'altres negocis que augmentaran el vostre plaer i que seran un gran consol per a mi.

I, dit això, Hipòlit es va despullar ràpidament, va anar cap a la gentil vella i li va treure la roba que duia, i l'emperadriu es va quedar en camisa. I el seu cos era tan gentil i ben disposat, que qui la veiés d'aquesta manera pensaria que era una donzella ja que posseïa tanta bellesa com pogués trobar-se en el món. I la seva filla Carmesina se li assemblava en moltes coses, però no pas en totes, ja que l'emperadriu, quan tenia la seva edat, l'excel·lia. El galant la va agafar del braç i la va pujar al llit, i allà estigueren parlant i rient com s'acostuma a fer entre persones enamorades. Passada la mitjanit, la senyora va llançar un gran sospir.

—Per què sospira vostra Majestat? —va dir Hipòlit—. Digueu-m'ho, per pietat, si Déu us ho permet. Ha estat perquè heu quedat poc satisfeta de mi?

—Tot el contrari del que dius —va dir l'emperadriu—, que encara m'ha augmentat l'amor, ja que en principi et tenia per bo, i ara, per molt millor i més valent. La causa del meu sospir no ha estat per voler més, sinó que em dolc per tu, ja que et tindran per heretge.

—Com, senyora! —va dir Hipòlit—. Quines coses he fet perquè m'hagin de tenir per heretge?

—Certament —va dir l'emperadriu— ho poden fer, perquè t'has enamorat de la teva mare i has mostrat la teva valentia.

—Senyora —va dir Hipòlit—, ningú més no coneix les vostres grans qualitats sinó jo, que miro el vostre cos galant, ple de perfecció, i no veig res que hi sigui sobrer.

Els dos enamorats van parlar d'aquestes coses i de moltes altres, amb tots els delits i les coses extremament plaents que solen passar entre els que s'estimen, i no van dormir en tota la nit, que ja gairebé es feia de dia. Ja deia la veritat, l'emperadriu, quan va dir als metges que dormiria poc aquella nit! I, cansats de vetllar, es van adormir que ja era de dia.

Quan ja era ple dia, la donzella Eliseu, que ja s'havia acabat de vestir, va entrar a la cambra de l'emperadriu per demanar-li com es trobava i si volia alguna cosa. Quan es va acostar al llit, va veure un home al costat de l'emperadriu, la qual tenia el braç estès, i el cap del galant sobre el braç i la boca a la mamella.

—Ai, santa Maria val! —va dir Eliseu—. Qui és aquest traïdor renegat que ha enganyat la meva senyora?

Va estar temptada de cridar fort i dir:

—Mori el traïdor que amb cautela i amb engany ha entrat en aquesta cambra per posseir el goig d'aquest llit benaventurat!

Després va pensar que ningú no hauria tingut l'atreviment d'entrar allà sense la voluntat de la senyora, i que l'adornament de la cambra no havia estat fet sense misteri. I intentava reconèixer-lo, però no podia, perquè tenia el cap baix i no el podia veure bé. Tenia por que les altres donzelles entressin a la cambra per servir l'emperadriu, tal com acostumaven a fer. Eliseu va entrar on dormien i els va dir:

—La senyora us mana que no sortiu de la cambra per no fer soroll, perquè no ha acontentat prou els seus ulls amb el plaent somni en què està.

Al cap de mitja hora, els metges van venir per veure com es trobava l'emperadriu. La donzella va anar a la porta i els va dir que la senyora reposava perquè durant la nit havia estat una mica inquieta.

—Nosaltres ens estarem aquí —van dir els metges— fins que la Majestat es desperti, perquè així ens ho ha manat l'emperador.

La donzella, que no trobava cap remei per asserenar-se, no sabia si despertar-la o no, i va estar dubtant fins que l'emperador va ser a tocar de la porta de la cambra. La donzella, enutjada i sense prou paciència ni gaire discreció, va anar corrents al llit i va cridar en veu baixa:

—Lleveu-vos, senyora, lleveu-vos, que la mort us és veïna: el trist del vostre marit toca a la porta i sap que, amb deslleialtat i perjudici de la seva pròspera persona, l'heu ofès indignament sense cap causa ni raó. Qui és aquest cruel, que tant de dolor ha portat, que es troba a prop de vós? És un rei desconegut? Prego a Déu sobirà que jo li vegi posar una corona de foc al cap. Si és duc, que el vegi morir en presó perpètua. Si és marquès, que vegi com es menja les mans i els peus de ràbia. Si és comte, que mori amb males armes. Si és vescomte, que el vegi partit del cap fins al melic per un cop d'espasa turca. I si és cavaller, que, sense cap mena de pietat, acabi els seus dies al fons de tot del mar. I si en mi hi hagués tanta virtut com posseïa la reina Pentesilea,[54] jo faria que se'n penedís, però tinc el trist costum de doldre'm i plorar.

Quan l'emperadriu va veure que la despertaven amb aquell mal so, pitjor que el d'una trompeta, no va tenir ànims ni per parlar i es va quedar quieta i sense dir res. Hipòlit, que no va entendre les paraules de la donzella sinó que només va sentir-ne la veu, per no ser reconegut, va amagar el cap sota els llençols. I, en veure la gran angoixa que passava la senyora, va posar-li els braços al coll i la va

---

54. Pentesilea era una reina amazona que va lluitar a la guerra de Troia en el bàndol dels troians. Després de protagonitzar diverses gestes heroiques, fou abatuda per una llança que Aquil·les li va clavar al pit. En veure-la morir, Aquil·les va quedar captivat per la seva bellesa.

fer abaixar sota la roba. Llavors, li va demanar quina era la causa del gran turment que patia.

–Ai, fill meu! –va dir l'emperadriu–. En aquest món no es pot aconseguir la felicitat completa. Lleva't, que l'emperador és a la porta. En aquesta hora, la teva vida i la meva estan en les mans de Déu. I si jo no et puc parlar, ni tu a mi, perdona'm de bon cor, com jo et perdonaré a tu. Ara veig que aquest dia haurà estat el principi i la fi de tota la teva felicitat i plaer, i el darrer terme de la teva vida i de la meva. Em doldrà molt que, després de la teva mort, jo no pugui banyar el teu sepulcre amb les meves adolorides llàgrimes ni portar els meus cabells estarrufats. No em podré llançar sobre el teu cos mort dins l'església i prendre'n besos freds, tristos i amargs.

Quan Hipòlit va sentir dir aquestes paraules a l'emperadriu, es va compadir molt de si mateix, ja que no s'havia trobat mai en una situació semblant; i, a causa de la seva joventut, va fer companyia a l'emperadriu, servint-la amb llàgrimes més que no pas amb consells ni remeis.

Tanmateix, va pregar a la donzella que li fes el favor de portar-li l'espasa que hi havia a la recambra i, recobrant el coratge, va dir:

–Aquí vull prendre martiri davant la vostra Majestat i retre l'esperit, i així consideraré que la meva mort ha estat profitosa.

Llavors l'emperadriu no va sentir cap soroll i va dir a Hipòlit:

–Vés, fill meu, salva't en aquella recambra. I si és una cosa de gran importància, jo els entretindré parlant i tu podràs salvar la teva vida, la qual desitjo que conservis amb honor i posició social en aquest món.

–Encara que em donessin tot l'Imperi grec i quatre vegades més, jo no desempararia la vostra Majestat. Prefereixo abandonar la vida i tot allò que posseeixo abans que separar-me de la vostra Altesa, i us suplico que em beseu en senyal de fermesa –va dir Hipòlit.

En sentir aquestes paraules, va augmentar el dolor de l'emperadriu, però, de la mateixa manera que va augmentar el dolor, també va sentir la necessitat d'augmentar el seu amor. I no va sentir cap soroll. Va anar a la porta de la cambra per escoltar si sentia gent d'armes o qualsevol altre indici de mal, i va veure, per una petita escletxa que hi havia a la porta, l'emperador i els metges que discutien de la seva malaltia: i així es va adonar que el fet no era greu.

Va tornar corrents cap a Hipòlit, el va agafar per les orelles, el va besar intensament i li va dir:

–Fill meu, pel molt amor que et tinc, et prego que vagis a aquella recambra fins que jo pugui donar alguna excusa adequada a l'emperador i als metges.

–Senyora –va dir Hipòlit–, en tot seré més obedient a la vostra Majestat que si m'haguéssiu comprat com a esclau, però no em maneu que me'n vagi d'aquí perquè ignoro si us vénen a fer algun mal.

–No tinguis cap por –va dir l'emperadriu–, perquè hi hauria un gran tumult per tot el palau. T'asseguro que no passa res del que m'ha dit Eliseu.

Hipòlit se'n va anar ràpidament a la recambra, i l'emperadriu se'n tornà al llit i va fer obrir les portes de la cambra. L'emperador i els metges es van acostar al llit i van conversar amb ella, demanant-li pel seu mal i com s'havia trobat aquella nit. L'emperadriu va respondre que el mal del cap juntament amb la passió del ventrell[55] no l'havien deixat dormir ni reposar en tota la nit fins que les estrelles del cel s'havien amagat:

–I en aquell moment en què els meus ulls ja no podien suportar més la vetlla, m'he adormit. I ara em sento més alegre i contenta que al principi. I em sembla com si aquell somni plaent hagués durat més que no pas una nit, per la gran satisfacció que sent la meva ànima. Però en aquest món la persona no pot aconseguir en un sol dia, o en una nit, el goig complet, perquè, amb el

---

55. L'emperadriu utilitza paraules amb doble sentit i ho seguirà fent al llarg de tot el capítol. En aquest cas, tant l'emperador com els metges interpreten que ha tingut mal de cap i d'estómac, però els lectors sabem que la realitat és ben bé una altra.

dolorós despertar que m'ha fet aquesta donzella, m'he alterat tant que el meu esperit ha restat amb una aflicció tan gran que no es pot explicar. I penso que, si podia tornar en aquella mateixa situació en què em trobava, em seria un gran consol poder tocar i tenir en els meus braços les coses que estimo i que he estimat en aquest món. I crec que, si aconseguís això, em sentiria en el paradís terrenal i obtindria la glòria completa. I podeu ben creure, senyors, que si jo podia tornar a aquell gloriós repòs, la meva ànima estaria tan contenta que em curaria ràpidament.

Va dir l'emperador:

—Digueu, senyora, què era el que teníeu en els vostres braços?

L'emperadriu va respondre:

—Senyor, el major bé que hagi tingut mai, i encara l'estimo sobre totes les persones del món. I en veritat puc dir-vos que, estant en la pietosa vetlla, em vaig adormir, i de seguida em va semblar que estava en camisa amb un vestit curt folrat de marts gibelins, de vellut de color verd, i que era en un terrat per dir l'oració que acostumo a dir als tres Reis d'Orient. I, quan vaig acabar de resar l'oració beneïda, vaig sentir una veu que em deia: «No te'n vagis, que en aquest lloc obtindràs la gràcia que demanes.» I no va tardar que vaig veure venir el meu fill estimat acompanyat de molts cavallers, tots vestits de blanc, i portava Hipòlit de la mà. Se'm van acostar tots dos, em van agafar les mans i me les besaven, i també em volien besar els peus, però jo no ho vaig consentir. I, asseguts al paviment del terrat, vam intercanviar moltes paraules de consol, amb les quals vaig sentir un gran plaer, i van ser tals i tan plaents que mai més no em sortiran del cor. Després, agafats de la mà, vam entrar a la cambra. I el meu fill i jo ens vam ficar al llit, i jo vaig posar el meu braç dret sota les seves espatlles, i la seva boca besava les meves mamelles. Mai no havia dormit tan plaentment, i el meu fill em deia: «Senyora, com que no em podeu tenir en aquest món miserable, tingueu com a fill el meu germà Hipòlit,[56] ja que jo l'estimo tant com a Carmesina.» I quan deia aquestes

---

56. Cal recordar que el fill de l'emperadriu també es deia Hipòlit.

paraules estava girat cap a mi, i Hipòlit, per obediència, estava agenollat enmig de la cambra. I jo li vaig demanar on era la seva habitació, i em va dir que l'havien col·locat en el paradís entre els cavallers màrtirs per tal com havia mort lluitant contra els infidels. I no li vaig poder demanar res més perquè Eliseu em va despertar amb un so més molest que el d'una trompeta.

–No us ho deia jo –va dir l'emperador– que tot el seu parlar no era sinó del seu fill?

–Ai, senyor –va dir l'emperadriu–, que a ningú no li costa tant com a mi! Jo el tenia en aquest braç, la seva boca plaent tocava els meus pits. I dels somnis que es fan de matinada, molts en resulten verdaders. I penso que encara no se'n deu haver anat. Voldria provar si, dormint, em tornaria a parlar, i que em retornés el delit en què estava.

–Jo us prego –va dir l'emperador– que no us fiqueu aquestes follies al cap: lleveu-vos del llit si us trobeu bé, perquè en aquestes coses de què parleu, qui més hi posa més hi perd.

–Jo us suplico, senyor –va dir l'emperadriu–, que per la meva salut i pel plaer que espero aconseguir us plagui deixar-me reposar una mica, ja que tinc els ulls tots entelats de dormir poc.

–Senyor –van dir els metges–, la Majestat vostra se'n pot anar tranquil·lament. Deixem-la dormir, que si li traiem aquest plaer, no fóra gens estrany que augmentés la seva malaltia en major grau que no és ara.

L'emperador se'n va anar, i van fer sortir totes les donzelles de la cambra tret d'Eliseu, que s'hi va quedar.

Quan les portes foren tancades, l'emperadriu va fer tornar Hipòlit al seu lloc i va dir a la donzella:

–Atès que la sort ha permès que tu hagis sentit aquests afers, t'ordeno que, amb totes les teves forces, vulguis servir Hipòlit fins i tot millor que la meva persona. Posa't en aquella recambra fins que haguem dormit una mica. Si fas això, et tindré en més consideració i seràs més afavorida que totes les altres, i et casaré més noblement. Després, Hipòlit et donarà tants béns seus, que n'estaràs ben contenta.

–Que Déu m'ajudi –va dir Eliseu– si tinc cap voluntat de servir Hipòlit ni encara menys d'estimar-lo ni honrar-lo. Però ho faré perquè la vostra Majestat m'ho mana; altrament, per ell, no m'ajupiria ni per collir una agulla de terra. Us asseguro que mai no he portat més mala voluntat a un home en el món com la que li porto a ell des que l'he vist estar prop de la vostra Altesa d'aquella manera: que voldria que un lleó afamat se li mengés els ulls i la cara i encara tota la seva persona!

Va respondre Hipòlit:

–Donzella, mai no he pensat a enutjar-vos deliberadament. I jo vull estimar-vos i procurar per vós sobre totes les donzelles del món.

–Procureu per les altres –va dir Eliseu– i no tingueu cura de mi, ja que no em plau acceptar res que vingui de vós.

I ràpidament va entrar a la recambra i allà es va posar a plorar intensament.

Els dos amants es van quedar al llit tanta estona que ja era gairebé hora de vespres quan es van llevar. I van trobar la donzella que encara estava plorant. Quan els va veure entrar a la recambra, va parar de plorar. L'emperadriu va posar remei al seu dolor consolant-la. També li va pregar que no digués res sobre el fet d'Hipòlit i ho va fer perquè tenia por que no els descobrís.

–Senyora –va dir la donzella–, la Majestat vostra no dubti de mi, que jo acceptaria la mort pacientment abans que explicar res a cap persona del món sense el vostre permís, perquè jo veig que la pèrdua que sofriria la vostra Altesa seria tanta que sobrepassaria tots els martiris i seria més cruel que el que van donar a cap apòstol. Pel que fa al segon dubte, no tingueu por: en presència o en absència vostra, jo faré a Hipòlit tots els serveis que podré, per consideració a la vostra Majestat.

L'emperadriu va quedar contenta. Va deixar Hipòlit a la recambra, se'n va tornar al llit i va fer obrir les portes de la cambra. I immediatament va venir la seva filla, totes les dones i donzelles, l'emperador i els metges; i els va tornar a explicar el somni plaent que havia tingut.

El dinar fou servit i l'emperadriu va menjar com una persona cansada de tant caminar. La donzella va posar tota la seva diligència a servir molt bé Hipòlit i li va portar un parell de faisans i tot el que era necessari per a la vida humana, i li portava menges singulars perquè no s'enutgés. I quan no volia menjar, li pregava que ho fes de part de la seva senyora. Hipòlit la posava al corrent de les notícies amb moltes bromes, però ella no li responia mai sinó en allò que estava relacionat amb la seva feina.

I així va estar l'emperadriu, que no es va llevar del llit fins l'endemà, quan l'emperador ja havia dinat. I quan va estar pentinada, va entrar a la capella per oir missa i va causar una gran contradicció entre els capellans sobre si havien de consagrar en aquella hora, ja que el migdia havia passat.

Hipòlit va estar en semblant felicitat i plaer, dins la recambra, durant una setmana. Quan la senyora va creure que ja n'havia tret prou profit, el va acomiadar dient-li que un altre dia, quan hagués descansat, podria tornar a la cambra i prendre d'ella tot el que li plagués.

I l'emperadriu va treure d'una caixa on tenia les seves joies un collaret d'or en forma de mitges llunes, i a les puntes de cada lluna hi havia dues grans perles, una a cada cap, i a dalt, enmig de la lluna, un gran diamant, i davant tenia una cadeneta d'acer amb una pinya d'or tota esmaltada, i la meitat era oberta i l'altra tancada, i els pinyons de dins eren grans robins. No crec que mai s'haguessin vist tan saborosos pinyons. Aquest sabor el coneixia Hipòlit, perquè l'havia degustat. I a la part de la pinya que estava tancada, a cada clofolla hi havia un diamant, o un robí, o una maragda, o un safir, i no us penseu que fos de tan poc valor que no valgués més de cent mil ducats. L'emperadriu, amb les seves mans, l'hi va posar al coll i li va dir:

—Prega a Déu, Hipòlit, que jo et visqui, ja que no serà estrany que jo no et faci, abans que no passin gaires anys, portar corona reial. Ara portaràs això per amor a mi i, quan el veuràs, et recordaràs d'aquella que t'estima tant com a la seva vida.

Hipòlit es va agenollar a terra i li va donar infinites gràcies, li va besar la mà i la boca, i li va dir:
—Senyora, com vol la vostra Majestat desprendre's d'una joia tan singular per donar-me-la? Com que si jo la tingués la donaria a la vostra Altesa, en qui lluiria més, us suplico que la recobreu.

L'emperadriu va respondre:
—Hipòlit, no refusis mai res del que et doni la teva enamorada, ja que és una regla comuna: qui té major dignitat, la primera vegada que s'uneixen, ha de donar a l'altre, el qual no ho ha de refusar.

—Així doncs, senyora, què ordeneu de la meva vida? Què voleu que faci?

—Et prego que te'n vagis, perquè temo que l'emperador demà no volgués entrar en aquesta recambra i et trobés aquí. Vés-te'n ara, que d'aquí a uns dies seràs a temps de poder-hi tornar, i deixa passar aquest temor que tinc.

Hipòlit es va posar a riure i, amb cara amable i gest humil, li va respondre amb paraules d'aquest estil.

CCLXIII

La comparació de la vinya que fa Hipòlit a l'emperadriu

—Sé que sóc estimat per la vostra Altesa amb gran desigualtat, perquè esteu segura del gran amor que us tinc, que és tant que depassa més que la meva vida humana, a la qual cosa m'obliga la gran gentilesa que sé que posseeix la vostra Majestat; però em sento abandonat quan penso en el poc amor que em mostreu o la poca satisfacció que teniu de mi, ja que m'acomiadeu així. Atès que, quan penso en la vostra absència, que no us veuré de la manera com ho he fet aquests dies benaventurats, es causa dins meu un dolor extrem i irremeiable. I per arribar ràpidament al que vull dir, esdevé a la vostra Majestat com a un home que estava molt angoixat per una fam cruel, així com jo per amor; i anant pel seu camí es va perdre i va arribar a un gran bosc espès, del qual no va poder sortir fins al matí. I va mirar pertot arreu a veure si hi havia una població a prop; i tot i caminar tot el dia no va poder veure ni vila ni lloc. La fam que tenia era tanta i tan extrema que caminava amb gran fatiga i es va veure forçat a dormir a terra. El dia següent, el cel era clar i net; amb el major esforç que li fou possible, va pujar a dalt d'una muntanya que hi havia a prop i va veure un castell llunyà; es va encaminar vers aquella part amb la fam inestimable que portava i, en ser-hi prop, el senyor del castell, que era un cavaller, estava en una finestra i de lluny va veure venir l'home i li va preguntar d'on venia i on anava. Quan fou prop del castell, va veure una vinya amb molts raïms, va deixar el camí que anava cap al castell i va entrar a la vinya. Quan el cavaller va veure que hi entrava, va cridar un dels seus servidors i li va dir: «Vés a la vinya de pressa i hi trobaràs un home; no li diguis res, però mira què fa i ràpidament torna per dir-me com es comporta.» El servidor va tornar i va dir: «Senyor, vós el trobareu estirat a terra que agafa els raïms amb les mans sense trencar-los del cep i se'ls menja a mossegades sense mirar si són verds o madurs: així se'ls menja.» «Senyal», va dir el cavaller, «que els troba bons. Torna-hi i mira què fa». El servidor hi va tornar i va dir al seu senyor: «Els cull a grapats i se'ls menja.» «Deixa'l estar, que els troba bons. Torna-hi una altra vegada.» El servidor hi va tornar i digué: «Senyor, ja no se'ls menja amb aquell gust; ara els agafa de quatre en quatre i de cinc en cinc.» «Deixa'l estar, que encara hi troba gust.» I l'altra vegada que hi va tornar digué: «Senyor, ja busca els que són ben madurs, se'ls fica a la boca, es menja la molla de dins i llença la pellofa.» Amb grans crits li va dir: «Vés, afanya't, i digues-li que surti de la meva vinya, que ara me la farà tota malbé.» La vostra Majestat m'ha fet el mateix, senyora, ja que he entrat en aquesta cambra i menjava els raïms a mossegades i a grapats, de quatre en quatre i de cinc en cinc, i la vostra Altesa no em deia que me n'anés, ni que l'emperador hagués de venir ni entrar a les vostres cambres. Però ara, que menjo els grans d'un en un, m'acomiadeu i em dieu que me'n vagi. Jo estic content d'obeir el manament de la vostra Altesa.

Quan Eliseu va haver escoltat el parlament d'Hipòlit, li va agradar tant i va fer una tal rialla del plaer que hi va trobar que fou una cosa admirable, per tal com en tots aquells dies no l'havien vist riure o alegrar-se ni poc ni molt, fins a aquell moment en què, amb cara afable, va parlar així:

—Hipòlit, senyor, és tant el plaer que he sentit amb el que heu dit a la meva senyora, perquè m'adono que, com a home observador, coneixeu la seva manera de ser; per la qual cosa us prometo, a fe de gentil dona, que tots els dies de la meva vida us seré tan parcial i favorable com ho és Plaerdemavida amb la princesa, i en major grau, i vigilaré que tot el vostre dret no sigui d'un altre, ja que la vostra bona sort us hi ha portat.

I es va girar vers l'emperadriu i li va suplicar humilment que tingués la mercè de deixar-lo quedar tant i tan a bastament com a ell li fos plaent. L'emperadriu li ho va atorgar per plaure la donzella. Hipòlit es va aixecar del costat de la senyora i va anar cap a Eliseu, la va abraçar i besar, i li va donar gràcies infinites pel favor que havia obtingut per mitjà d'ella. I així van fer les paus.

Un dia, mentre Hipòlit estava en el retret, l'emperadriu i Eliseu estaven parlant d'ell. Va dir la donzella:

—Com, senyora, tenint la vostra Altesa un cavaller per enamorat, consentiu que estigui amb Tirant? La Majestat vostra no basta per mantenir-lo i donar-li tants béns vostres i tan abundantment que no hagi de buscar empar en ningú? Jo, que sóc una pobra donzella, em sentiria desventurada i, si tingués un enamorat, l'ajudaria tant com em seria possible, encara que hagués d'empenyorar la gonella per socórrer-lo; en major grau ho ha de fer l'Altesa vostra, que sou tan gran senyora i tan riquíssima. Perquè les dones virtuoses s'han d'ajudar dels seus remeis.

Va dir l'emperadriu:

—Com que m'ho aconselles, estaré contenta de fer-ho, per bé que aquests estrangers, quan els estimeu molt i els heu donat els vostres béns, se'n van, es tornen massa orgullosos o esdevenen difamadors.

–No, senyora –va dir Eliseu–, que aquest no és així, que l'heu vist de jove a la vostra cort.

–Tingues-ne tu l'honor –va dir l'emperadriu–, perquè ell t'estima més.

Hipòlit va estar en el retret quinze dies. Un dia abans de la seva partida, que estava a la cambra i tenia el cap a la falda de l'emperadriu, ell li va suplicar pel seu amor que cantés una cançó, la qual cantava amb molta gràcia i perfecció. La senyora, per fer-li plaer, va cantar en veu baixa el romanç de Tristany en què es planyia del cop de llança del rei Marc, i a la fi va dir: «Dona, restaràs sola sense el teu Hipòlit.» I, amb la dolçor del cant, els seus ulls van destil·lar vives llàgrimes. Eliseu, per tal que no tinguessin notícia de res que els ocasionés tristor o dolor, els va fer entrar al retret; allà va agafar les claus de les joies i va obrir la caixa on eren. I l'emperadriu va posar ràpidament la mà sobre la tapa perquè no l'acabés d'obrir fins que no li hagués dit el que volia. I no va trigar a parlar d'aquesta manera.

CCLXIV

Com l'emperadriu va ordenar la vida d'Hipòlit

[*L'emperadriu li dóna diners i joies. En sortir del retret, Hipòlit fa veure que ha estat uns dies indisposat a Bellestar, cosa que explica la seva absència.*]

[...] Quan Tirant va estar bé de la cama, anava sovint al palau sense l'ajuda de ningú, però els metges no li donaven tanta llibertat com ell hauria volgut. I l'emperador sovint els demanava quants dies trigaria a estar guarit, de manera que la cama estigués ben forta per a poder marxar. I ells li deien que ben aviat estaria en disposició de cavalcar. Sabent que l'emperador desitjava vivament la seva partida, Tirant tenia una gran angoixa perquè no podia omplir el seu cor o, almenys, tenir una trobada amb la princesa.

La passió extrema de la Viuda Reposada no s'havia manifestat fins a aquella hora que, per les paraules que havia dit l'emperador, ella va intuir que la partida de Tirant seria molt pròxima. Va pensar si amb paraules encobertes podria induir Tirant d'anar-se'n amb ell al camp amb l'excusa de servir-lo; i si no podia obtenir això, amb l'enteniment diabòlic que tenia va deliberar de sembrar en la cort una molt bona llavor que s'anomena zitzània[57] barrejada amb mala voluntat per tal que se'n pogués obtenir una millor collita. Se'n va anar a veure la princesa i li va dir:

—No sabeu, senyora, que Tirant m'ha dit, quan sortíem de missa, que volia parlar d'un tema profitós i útil per a mi? I jo li he respost que així ho faria si la Majestat vostra me'n donava permís, i que hi pensaria i, si es podia fer, ho faria de bona voluntat. I em fa l'efecte que això no és sinó que ell veu que haurà de marxar molt aviat i vol provar de cometre alguna infidelitat amb la vostra Altesa. Deu comptar amb això: que si l'encerta, estarà bé; i si l'erra, com va fer l'altre dia, ha de marxar i, un cop passat el riu, no es recordarà de vós. Perquè així mateix m'ho va dir l'altre dia, que aquesta era la seva manera de ser; i m'ho deia amb grans rialles, com si de la seva boca en sortís algun gran mèrit que hagués fet, ja que ell em diu totes les coses, siguin bones o dolentes. I un home com aquest no us ha de plaure per bellesa, ni molt menys per bons costums, perquè les seves mans estan disposades a cometre qualsevol traïció. Si no, tingueu en compte l'atreviment que va tenir l'altre dia. Déu el va premiar segons els seus mèrits. I encara diu més: que l'home no ha de prendre armes per l'amor de les dones, ni n'ha de deixar l'exercici per cap bella donzella que hi hagi en el

---

57. *zitzània*: discòrdia.

món. I parla com un prohom,[58] però no com un cavaller enamorat, atès que tots els fets d'armes gloriosos són dignes de renom i fama perquè han estat fets, o la major part, per a dones.

–Doncs fem-ho així –va dir la princesa–; parleu amb ell i vegem si té alguna traïció al cor. Vós em doneu bon consell: que jo ara m'he de guardar molt d'ell.

–Però, senyora –va dir la Viuda–, perquè jo pugui descobrir-ho tot a pler, cal que no sortiu d'aquesta cambra fins que jo no torni.

La Viuda va sortir a la sala, va agafar un patge i li va dir:

–Digues a Tirant que la senyora princesa és aquí a la cambra de parament i que desitja parlar amb ell. Si ve, li causarà una gran satisfacció; si no, perdrà l'esperança que té.

El patge li ho va anar a dir ràpidament. Quan Tirant va saber que la seva senyora li feia dir que hi anés per al seu delit, no va esperar ningú que l'acompanyés. I la Viuda, que sabia quan vindria, quan el va veure a la cambra de parament va fer veure que en aquell moment sortia de la cambra de la princesa; se li va acostar, li va fer gran reverència i honor, i li va dir:

–L'esperit maligne de l'emperadriu en aquest cas s'ha emportat la princesa dins la cambra i estàvem parlant de moltes coses. Jo li he dit que tingués la mercè de fer-vos cridar, ja que així com Jesucrist va il·luminar els seus apòstols, de la mateixa manera vós il·lumineu totes les donzelles; i, quan vós partiu, totes restem tristes i adolorides. I ja que Déu no em dóna l'alegria del que li demano, quan us veig, la meva ànima, per trista que estigui, rep un gran consol en contemplar-vos, que en aquell moment desapareix qualsevol enuig i tristor que tingui. I si no us dic la veritat, que en el pas de la meva fi no pugui reconèixer Déu. I per tal com la meva senyora m'ha manat que jo vingués aquí per fer-vos companyia fins que l'emperadriu se n'hagi anat, em sembla que ens podrem asseure fins que vingui la vostra Altesa, perquè no voldria que la vostra cama s'agreugés per culpa meva.

---

58. *prohom*: home respectable, digne de consideració.

Es van asseure a l'estrada[59] i Tirant va començar a dir paraules d'aquest estil.

CCLXV

Raonament que fa Tirant a la Viuda Reposada

—Fent-vos memòria, senyora, del que ara m'heu dit, és a dir, el goig que teniu en veure'm i que per mi s'il·lumina el fosc palau de la meva deessa, m'és molt plaent el que em dieu, per bé que sé que la meva trista sort no permet que pugi al tercer ni al quart graó de l'escala. I si posseís igualment la vostra estimació, us voldria haver donat l'honor i els béns, i ningú no seria més benaventurat que jo. I penso, senyora, que els precs que dirigeixo a Nostre Senyor, després us els puc adreçar a vós i que, per mitjà vostre, podria obtenir la meva salvació: el descans guaridor de la meva vida plena de treballs. I us estaré molt agraït per tant de benefici com m'esdevindrà gràcies a vós, perquè ara veig que m'ha augmentat molt la passió que pensava que havia desaparegut. I si la fortuna em fos favorable a fer-me obtenir tot el bé que la meva vida espera de vós, no tingueu en compte l'atreviment, ja que no vull disputar més amb vós; però us correspondré, amb bona voluntat que us tinc, recitant-vos l'exemple d'un mercader anomenat Gaubedí. Era partit d'aquella gran i magnífica ciutat de Pisa i, navegant pels mars d'Espanya, havia posat tots els seus béns en un barril de jocs de cartes pensant que arribaria a port salvador i que, en vendre la mercaderia, augmentaria la seva riquesa; i, en arribar als mars del Roine, prop del port d'Aigües Mortes, en la fosca nit la nau va topar amb un escull de roca i es va obrir tota. Tots els mariners, amb l'esperança perduda, es van llançar al mar per salvar la vida. Aquest pobre mercader, pensant més a salvar el barril que la vida, va baixar

---

59. *estrada*: part d'una sala, d'una habitació, etc., en què el sòl és més elevat que el de la resta, destinada a col·locar-hi un tron, una cadira, un llit, etc.

sota la coberta i la va veure plena d'aigua fins a la meitat i que s'enfonsava; amb gran fatiga i major perill, va treure el barril de la seva mercaderia, el va llançar al mar i després s'hi va tirar ell, i es va aferrar al barril per poder-lo portar a terra. Va fer tant d'esforç, que dues o tres vegades, en perdre i recobrar el barril, va pensar que perdria la vida. A la fi, a desgrat seu, el va haver de desemparar; i quan estava a punt d'arribar a terra, amb tota l'esperança de recuperar el barril perduda, es va trobar amb una gran caixa; i a causa del gran esforç que havia hagut de fer, es va veure forçat a repenjar-se en la caixa, i al cap d'uns instants el mar els va llançar a terra. L'afligit mercader, assegut sobre la caixa, va fer grans lamentacions, dolent-se de la mercaderia perduda de les cartes; i, com que estava nu, sense camisa, desitjava més la mort que la vida. Quan es va haver lamentat una bona estona, es va separar de la caixa com un home desesperat i se'n va anar a dos tirs de ballesta, però va tornar a la caixa per veure si almenys hi hauria alguna cosa amb què es pogués vestir. Quan la va trencar, va trobar moltes robes de brocat i seda, molts gipons i calces, i tot el sòl de la caixa cobert de ducats, fermalls i moltes pedres precioses, que valien un tresor infinit. Si bé, senyora, això sigui poc en comparació amb el vostre valer, us dic en veritat que, si em trobés en un lloc semblant, us juro que seré la caixa i que, encara que vós perdeu el barril, sereu pròspera i benaventurada en aquest món. I abans que obtingui una resposta de vós, us prego que porteu aquesta cadena com a mostra de la meva estimació, a fi que, en mirar-la, us recordeu de mi, que desitjo fer molt per vós.

La Viuda daurada no va tardar a parlar d'aquesta manera.

CCLXVI

Resposta que fa la Viuda a Tirant

—Em veig forçada a respondre les vostres paraules, per tal de no donar més voltes a aquest pensament, perquè entenc bé la finalitat última de les vostres paraules. Presumeixo de no parlar gaire i de preservar el meu honor en un sepulcre secret, però ara l'esperança i el temor fan que la meva llengua dubti si diu el contrari del que en altre temps havia dit. I per satisfer la vostra demanda, us dic i suplico, si estimeu la vostra vida i el vostre honor, que traieu el peu d'aquest desventurat llindar i d'aquest pas tan perillós en què està. Perquè jo tinc el gran dubte que no us prenguin la llum de la vostra vida, que us veig embolicat en el fang del dolor perpetu. Ja que no hi ha ningú que ignori com s'ha produït el mal de la vostra cama, i com que, a causa de la guerra, la necessitat obliga a no desplaure-us ni enutjar-vos, dissimulen i fingeixen que no saben res; però si ells tinguessin la seguretat de la pau, Carmesina seria la primera que us portaria al corral del dolor perpetu i amarg. Tan poc seny teniu que no us adoneu de les pràctiques vils i deshonestes que es mantenen, s'enginyen i es tracten en aquest palau? Però, com que em sembla una cosa molt odiosa i abominable, i no hi consentiria per res, no em volen, perquè jo sé del cert que no sou estimat com mereixeu. I si voleu que us duri la vostra bella enamorada, cerqueu-la que sigui lleial, sincera i discreta, i si no ho podeu fer, que no sigui de més gran estament ni superba, perquè el bon exemple veritable diu que la bona companyia entre dos consisteix en la concordança de fets, paraules i obres virtuoses. Digueu, no seria millor per a vós estimar una dona que fos destra en l'art de l'amor i honestíssima, encara que no sigui verge? Aquesta us seguirà per mar i per terra a tot arreu on anireu, tant en la guerra com en la pau; i us servirà en les vostres tendes de dia i de nit, i no pensarà en altra cosa sinó en com podrà acontentar la vostra virtuosa persona.

–Digueu, senyora –va dir Tirant–, així Déu us doni honor, qui és la dama que em faria tan assenyalats favors com vós dieu?

–Oh, trista de mi! –va dir la Viuda–. I no he dit prou? Per què em voleu donar més pena de la que tinc? No vulgueu dissimular allò que tan clarament enteneu. Jo m'he esforçat a disposar d'aquesta estona per poder manifestar-vos el meu dolor, no per mitjà de ningú, el meu mal que tant de temps he tingut amagat, des d'aquell dia trist que vau entrar en aquesta ciutat. Em sembla que us he descobert ben clarament la meva intenció, i bé s'ha de tenir per benaventurat el cavaller a qui tal do és atorgat.

Tirant no va tardar a respondre-li d'aquesta manera.

CCLXVII

Resposta que va fer Tirant a la Viuda Reposada quan el va requerir d'amors

–Responc les vostres gracioses paraules per tal de satisfer la vostra demanda, i sento enuig perquè no puc satisfer el que demaneu amb paraules acompanyades de tant d'amor. El meu esperit ja està ferit d'una vida tan enamorada, i no tinc la llibertat de poder-ho fer perquè el meu lliure arbitri és captiu; i posat que intentés experimentar-ho, els cinc sentits corporals no m'ho consentirien. I si m'absento una mica, combaten tan fort la meva ment que en mi només hi habita el penediment; i ara sé què és l'amor, que al principi no ho sabia. Que vegi allunyat de tot bé qui em vulgui allunyar de sa Altesa; i per no atribolar més la meva fatigada ment, us prego, senyora, que us plagui posar tot el vostre pensament en un altre cavaller, per tal com en trobareu infinits de més virtuosos i esforçats, de major dignitat i senyoria que no pas jo. I us dic amb tota sinceritat que, si jo hagués posat la meva estimació en vós així com ho he fet en aquella que mereix portar la corona del món, no us podria fer cap ofensa per res. I això us ha de satisfer, perquè altres, com que sou una dama tan gentil, us podrien prometre molt i donar poc, i del blanc us farien groc[60] per tal que, en un lloc apartat, poguessin tenir notícia de la vostra gentilesa. I penso que si la persona amada us deixava per una altra, no ho podríeu suportar amb paciència. Però sé que teniu moltes virtuts, que sou digna de lloança, ja que heu subjugat els vicis i heu seguit les virtuts amb una honestedat única.

---

60. *fer groc*: enganyar, fer veure una cosa per una altra.

I no li va dir res més. La Viuda no va tardar, amb força d'esperit, a pintar aquestes paraules.

CCLXVIII

La Viuda replica al parlament de Tirant

—No he intentat d'igualar les lleis divines amb les humanes, i només podia controlar la meva llengua amb gran fatiga pel fet que no sabia el que havia d'ignorar; això és, per saber clarament el fet: si vós teníeu pes i mesura en la vostra benvolença.[61] Si ho feu, veureu premiada la vostra virtut. Tot el que us he dit no ha estat sinó per provar la vostra paciència i perquè sapigueu, senyor Tirant, com us desitjo servir, per tal que amb el meu enginy tingueu coneixença de totes les coses que ignoreu i que no us decebin els fets de la princesa quan es despulli de tota pietat, del seu honor, el del seu pare i de la seva mare, sense cap mirament ni respecte. Sabent que sou un cavaller valentíssim i virtuós, i molts d'altres que s'han enamorat d'ella, podria complir els seus apetits honestament, però del pecat que ella comet (i el comet cada dia) els cels, la terra, el mar i les arenes n'abominen. I com és que la benignitat de Nostre Senyor permet i no castiga ràpidament un crim d'adulteri tan nefandíssim! Que si vós ho sabéssiu com ho sé jo, li escopiríeu a la cara i, després, a totes les dones que hi ha al món, a causa d'ella. Però, per què vull fer més gran amb paraules supèrflues un crim tan lleig? Aquest crim tan espantós, explicat de manera planera, causa més feredat que admiració, que és impossible; els qui ho sentiran no podran dormir ni menjar sense una gran alteració. I després d'estar al seu servei molt de temps del meu adolorit viure, els meus cansats pensaments s'han vestit de dol; per això el meu dolor no tolera que ho suporti eternament. És un error que moltes vegades s'oculta amb la dissimulació de paraules honestes, i les

---

61. Li diu si ha pensat bé en qui diposita la seva estimació.

dolentes s'alegren del seu pecat. És veritat que hi ha moltes menes de pecats: uns són venials, altres són mortals, però aquest és tan gran que la meva llengua, cansada de tant parlar, ja no té forces per a poder-lo exposar. És cert: la llei mana que les dones conservin l'honestedat i, si no ho fan, que rebin un càstig, i encara més les casades; i que si el pecat es comet, almenys que no sigui amb un home fora de la llei, perquè el pecat que es comet contra la llei és molt abominable a Déu, i encara és més lleig en les donzelles. Però si la princesa diu que ha estat enganyada per ignorància sota l'aparença del bé, i diu que no en té culpa i que no era senyora de si mateixa, aquesta raó no té fonament, perquè les coses que són d'infàmia pública i deshonestes ningú no les ignora; i per això es donen honors dobles del que fan a les donzelles virtuoses, i penes en cas contrari. Perquè el principi de la virtut lluu en nosaltres, i els vicis es fan públics ràpidament. Per això, si vós em voleu creure, aparteu-vos d'ella tan aviat com pugueu, que serà una cosa lloable per a vós, ja que ella està embolicada amb aquell que es diu Lauseta, esclau negre, comprat i venut, moro per naturalesa, hortolà que acostuma a portar l'hort. I tot el que us he exposat no pensi la vostra Senyoria que siguin faules, ja que si me n'esteu agraït i ho manteniu en secret, us ho faré veure amb els vostres ulls corporals. Oblidant-se del nou hàbit de virtut, deixant la companyia de reis, ducs i grans senyors, fa molt de temps que em fa viure amb aquesta pena tan extrema. Amb tot, això no és una cosa que la meva llengua hagués d'explicar, sinó que la gran deshonestedat que comet em força a dir-ho; que per molt que li ho digui, no se'n vol estar. I l'altre dia se cenyia sobre viu.[62] I què us diré sobre aquest esdeveniment? La seva boca ja menjava poc i forçada, el son no li era plaent i la nit li semblava un any. I encara que ella sentís dolor, i el meu cor ho lamentava, el color s'havia absentat de la seva cara, la magresa havia debilitat els seus membres: quantes i quines herbes he anat a collir i les hi he posades amb mà ardida

---

62. Li està dient que Carmesina estava embarassada i es faixava perquè no se li notés.

per a destruir el prenyat del seu ventre, digne de molta infàmia! Ai, trista, que l'infeliç ha estat castigat pel meu pecat! I el seu cos no ha estat soterrat, sinó que ha fet el seu viatge riu avall. Quina altra cosa podia fer perquè aquest nét no arribés davant la vista de l'emperador, son avi? Ella pren el delit, si es pot dir així, i jo m'emporto la culpa. I per això convé que us ho digui, perquè no us vulgueu perdre del tot ni us vulgueu ofegar en una tèrbola bassa d'oli pudent. Em guardaré les altres coses per no parlar excessivament; i voldria, vós que teniu el ceptre de la justícia, que li donéssiu una pena proporcionada a la seva culpa per apartar-la d'una falta tan gran. Jo li dic moltes vegades: «Filla meva, ara és el moment de resistir-se a un mal tan gran; expulsa de tu tota vilesa i amor corrupte, i en sortiràs segura i vencedora; pots veure, filla meva, si l'altesa de la teva parentela, la fama de la teva virtut, la flor de la bellesa, l'honor del món present i totes les altres coses que corresponen a una donzella de tan alta dignitat, t'han d'inspirar estimació; i sobretot la gràcia d'un enamorat com aquest, que et desitja servir més i estimar com a muller que a totes les dones del món. I desitges perdre'l per aquest negre! Perquè no t'ha de plaure, i penso que d'ara endavant, si ets sàvia, no et plaurà, en major mesura si t'aconselles tu mateixa; doncs oblida els falsos delits permesos a l'esperança bruta, llança'ls fora de tu!» Us dic, senyor Tirant, que no em fa cas per molt que li digui. Només un miracle de Déu faria que ella se'n pogués estar. I, d'aquesta hora endavant, ja no hi podrà haver cap pensament bo en ella.

Tirant no va tardar, amb tota la malenconia que tenia, a fer principi a aquest parlar.

CCLXIX

Replica Tirant a la Viuda, ignorant la seva maldat

—Oh, fosca ceguesa d'aquells que estimen desordenadament! Amb quin ànim, amb quina sol·licitud i diligència treballen per perdre l'ànima i la vida alhora! Oh, temor valent d'aquells que, recelant, temen els perills de morir lliurats al vici, i viure-hi, i amb ànim invencible i discret abandonen la vida pel regne del cel! Aquestes paraules, senyora Viuda, m'han entrat en el meu cor miserable i em donen les penes més grans que mai hagi sentit, que és la primera vegada que aquests dolors han estat la causa d'agreujar més la meva vida. Però d'aquí endavant, pel desordre que m'heu explicat, si visc, passaré tota la vida amb llàgrimes infinites, i encara que no en tingui costum, tots els meus dies seran sense consol. I en aquest moment, corren mil pensaments per la meva ment, i quasi tots determinen en un: això és, que, com que ella n'estima un altre, jo em manifesto com a persona llançant el meu cos d'aquesta torre avall o en la mar profunda a fer companyia als peixos. Per la qual cosa us prego, virtuosa senyora, que feu que els meus ulls vegin el meu dolor, perquè jo no creuria en paraules tan contràries a la raó natural, atès que em sembla impossible que el seu cos celestial posés la seva bellesa en mans d'un negre salvatge, i tothom sabria que la bellesa de sa Majestat seria un do miserable per a qui desitja viure virtuosament. Oh, tu, senyora princesa!, on reposa ara el teu pensament? Vine i sentiràs el que diuen de la teva Altesa. Jo no ho crec, ni Déu m'ho deixa creure, que una dona que estimi una mica el seu honor pugui cometre aquesta falta, ni que tal cosa li passi pel cap, però el teu cor és ofès allà on se sent el que diuen de la teva Altesa. Oh, senyora princesa, tu sola ets la felicitat suprema de la meva vida!

I del pit de Tirant en va sortir un suau sospir que venia acompanyat d'aquestes paraules:

–Oh, piadosa fe! Oh, reverendíssima vergonya! Oh, castedat i pudor inestimable de les donzelles honestes! Quina persona hi pot haver en el món que et vulgui o pugui, per parentiu de sang o per amistat pròxima, amar-te així com jo? Penses malament si creus vanament que ningú no t'estima així com jo. Doncs si jo t'estimo més, més pietat mereixo.

Va callar i no va voler dir més, i la Viuda Reposada es va quedar preocupada perquè Tirant no havia donat plena fe en les seves paraules falses.

I, mentre estaven en les raons damunt dites, l'emperador va entrar a la cambra; va veure Tirant, el va agafar de la mà i van entrar en una cambra per parlar sobre els fets de la guerra. La Viuda es va quedar sola i va començar a dir-se a si mateixa:

–Com que Tirant no ha cregut en les meves paraules, no és oportú l'engany que havia iniciat; però faré tant que el faré venir allà on desitjo, encara que hagi de donar la pura ànima al diable per sortir-me amb la meva, ja que d'altra manera no tindria cara per poder presentar-me davant d'ell, i seria sorprenent que ell no ho digués a la princesa; i jo, en aquest cas, em quedaria amb la maldat... Però el vull esperar aquí fins que surti del consell amb l'emperador. –I va començar a dir-se–: Oh, antiga ira!, estigues certa que on vagis et seguiré protestant, que deixaré a part tota pietat i procediré en la benaventurada obra ja començada per mi, per tal de no perdre el premi i la virtut de la meva gloriosa fama. Doncs, per què tarda tant? No he de dubtar en res, perquè sóc poderosa i destra per a cometre aquesta maldat i altres de més grans. I no em dol altra cosa, per a complir el meu desig, que no haver començat a fer això ja fa dies.

Amb gran fúria, va entrar a la cambra on hi havia la princesa; amb rialles fingides li va mostrar la cadena d'or que Tirant li havia donat, la qual pesava més de deu marcs,[63] i li va dir:

–Si vós, senyora, veiéssiu la seva última voluntat, en quedaríeu admirada, i també si jo volia accedir a la gran culpa que vol cometre: que vol fer preparar una galera i, de nit, per força, vol que us agafi i us vol portar a la seva terra. I tot el que li he dit ho ha pres així com aquell que té la boca plena d'aigua i bufa al foc, i pensa que l'encendrà, però l'apaga amb l'aigua. –I fingia que deia aquestes paraules quasi com una burla.

La princesa, que va veure que es burlava de Tirant, va sentir un gran enuig interior, va marxar d'allà i va entrar dins el seu retret. Va començar a pensar molt en Tirant pel gran amor que sentia

---

63. *marc*: unitat de pes antiga que equivalia a vuit unces. Si tenim en compte que una unça equival a 33,3 grams, el pes aproximat de la cadena és d'uns 267 grams.

per ell i els grans donatius que donava a les seves donzelles per la seva causa. I a ella, com que pensava en l'extrem amor que li tenia, això li causava molts pensaments i dolors amargs. Quan va haver pensat molt, es va pentinar i va sortir de la cambra de parament per parlar amb Tirant i per fer-li festes, per tal com sabia que la seva partida per anar al camp devia ser molt pròxima.

La Viuda Reposada va esperar Tirant a la porta del consell i li va dir:

—Senyor capità, jo em voldria assegurar de la vostra mercè que, ni de broma ni de veritat, ma senyora la princesa no sabrà el que us he dit en gran secret, atès que no passaran vint-i-quatre hores que jo us ho faré veure amb els vostres propis ulls.

—Senyora Viuda —va dir Tirant—, us agrairé molt que m'ho feu veure. I per tal que estigueu ben segura de mi, us prometo pel benaventurat senyor sant Jordi, en nom del qual tinc l'honor de cavalleria, de no dir res del que m'heu dit a ningú del món.

L'emperador es va girar i va veure la Viuda. Li va dir:

—Aneu de pressa i digueu a l'emperadriu i a la meva filla que vinguin de seguida a l'hort, que les esperaré allà.

I molt ràpidament totes les dames van anar allà on era l'emperador, i van parlar de moltes coses i de com l'emperador havia enviat algú al camp per tal que vinguessin dues mil llances a fi d'acompanyar el capità. La princesa, quan va sentir aquesta notícia, es va alterar tota i, fent veure que tenia mal de cap, va dir:

—Per bé que el capità sigui aquí present, ja no podré estar per això: no em desvestiré davant d'ell.

Es va treure tot el que tenia al cap i va quedar amb els cabells a la vista, els més bells que mai tingués una donzella. Quan Tirant la va veure amb tanta resplendor n'estigué admirat i se li va doblar l'amor. I aquell dia la princesa anava vestida amb brial de domàs blanc i, sobre el brial, portava una tabardeta[64] de tela de França, i totes les costures eren de trenes d'or molt amples. En aquell cas es veia com les seves mans es barallaven amb la cordonera del seu

---

64. *tabardeta*: peça d'abric que cobria des del coll fins més avall de la cintura.

brial, descordant-se amb molta pressa i mostrant una grandíssima angoixa, mentre passejava sola per l'hort. L'emperador li va demanar pel seu mal i si volia que els metges vinguessin. I ella va respondre que no.

—Que el meu mal no necessita metge ni medecina.

En això, la Viuda Reposada es va aixecar d'allà on seia i se'n va endur una companya i dos escuders perquè l'acompanyessin; i va anar a casa d'un pintor i li va dir:

—Tu que ets el millor en l'art de la pintura, podries fer a voluntat meva una cara encarnada,[65] posada sobre cuir prim negre, que fos com el Lauseta, l'hortolà del nostre hort, i amb pèls a la cara, uns blancs i altres negres? Que es pugui subjectar amb gomes, perquè la festa del Corpus Christi és propera i voldria fer aquell entremès, amb guants a les mans per tal que sembli que és un negre.

—Senyora —va respondre el pintor—, es pot ben fer, però ara tinc molta feina. Però si em pagueu bé, satisfaré la vostra voluntat, que deixaré tot el que tinc per fer perquè vós sigueu servida.

La Viuda va posar la mà a la bossa i li va donar trenta ducats d'or perquè anés bé. I la va fer ben bé com era el Lauseta.

Quan la princesa es va haver passejat una bona estona per l'hort, va veure el Lauseta que estava adobant un taronger, ja que ell tenia el càrrec d'adobar l'hort. Es va aturar a parlar amb ell. La Viuda, que ja havia tornat, estava mirant Tirant i li va fer un senyal perquè mirés com la seva senyora parlava amb el negre Lauseta. I Tirant, que era al costat de l'emperador, es va girar i va veure que la princesa estava conversant amb el negre hortolà, i va dir per si mateix:

—Oh, aquesta mala dona i reprovable Viuda! Amb les seves falses maquinacions, encara em farà creure el que m'ha dit que era veritat! I per molt que ella faci o digui, no és presumible que la princesa cometés una falta tan gran. I jo per res no hi donaria fe si no ho veia amb els meus ulls.

---

65. Vol una careta que sembli real.

Llavors l'emperador va cridar una donzella i li va dir:

–Vine, Pràxidis –que així es deia–, vés on és la meva filla i digues-li que cridi el capità. I digues-li que ella li pregui que parteixi ràpidament cap al camp, perquè moltes vegades s'esdevé que els cavallers joves fan més per les donzelles que per si mateixos.

La princesa va respondre que ho faria, atès que la seva Majestat li ho manava. Quan va haver parlat dels tarongers i de les murteres una bona estona amb el Lauseta, va tornar a passejar per l'hort. Quan va ser davant de l'emperador, va cridar Tirant i li va dir que l'agafés del braç perquè estava cansada, i que així es passejarien per l'hort. Déu sap quin consol va sentir Tirant quan la princesa li va demanar ajuda. I quan s'hagueren allunyat una mica, Tirant va començar a dir paraules d'aquest estil.

[Resum del capítol CCLXX]

Tirant lamenta que la princesa no mostri la fermesa del seu amor i li demana que atengui les seves súpliques.

CCLXXI

Resposta que la princesa dóna a Tirant

–No es poden descriure les passions amb què l'amor turmenta la meva atribolada ment, perquè en mi la fi d'un mal és el principi d'un altre. I diuen que sóc benaventurada en l'amor, perquè no coneixen les meves misèries i que passo treballs en pensaments vans que adornen la meva joventut, i passo penitència pel mal que no m'he fet. Perquè no estava acostumada a la passió que ara em dóna l'amor, ni encara menys als treballs que la meva ànima posseix ara. I a fi que els meus mals acabin i la meva ment reposi, asseguraré la teva demanda amb aquestes paraules. Dóna'm la teva mà dreta i l'ajuntaré amb la meva. –I quan les mans es van ajuntar, la princesa va dir–: Per tal que això sigui un matrimoni verdader, dic amb aquestes paraules: «Jo, Carmesina, dono el meu cos a vós, Tirant lo Blanc, per lleial muller, i prenc el vostre per lleial marit.»

I les mateixes paraules va dir Tirant, o semblants, segons s'acostuma a fer. Després, la princesa va dir:

–Besem-nos en senyal de fe, ja que sant Pere i sant Pau ho manen, i que ells en testimoniïn la veritat; i després, en nom de la Santa Trinitat, que és Pare i Fill i Esperit Sant, et dono potestat plena perquè facis de mi com de muller que és companya del marit. I dono fe als sants als quals he jurat, sant Pere i sant Pau, i amb aquesta esperança de seguretat pots creure que tens en mi muller i castedat. Et juro per tots els sants anomenats que, tant com duraran els teus dies i els meus, no ignoraré la teva persona per cap altre home del món, i et seré sempre lleial i verdadera sense cap màcula. Tirant, senyor, no dubtis en res del que t'he dit, ja que encara que alguna vegada m'hagi mostrat cruel amb tu, no vull que pensis que el meu esperit no ha estat sempre conforme amb el teu; i sempre t'he amat i contemplat com a un déu, i et puc ben dir que així com augmento d'edat, augmento en amor. Però el temor a la infàmia em fa guardar l'honor de la castedat, la qual han de guardar molt les donzelles i dubtar, per tal com amb la puresa poden arribar al tàlem de benedicció. I així la vull guardar jo tant de temps com a la teva senyoria plaurà. I ara ha arribat el moment que podràs saber del cert si t'estimo, perquè d'avui endavant jo et vull donar el premi a l'amor que m'has portat; per la qual cosa reposa amb bona esperança, jo et demano mercè i que tinguis la meva honestedat en tanta estima com la teva vida. Entre tots els mals, el que més m'atribola és l'absència que tindré de tu durant alguns dies, i per això no tinc alegria per a mostrar-te l'infinit amor del qual ets mereixedor. I per això esperaré el moment en el qual, sense temor, et pugui mostrar com menyspreo la meva vida.

Va callar i no va dir més. Però Tirant, mostrant la contentació pel bon consol i la gràcia singular que havia obtingut de la princesa, amb cara afable i gest humil, li va dir paraules d'aquest estil.

CCLXXII

Com Tirant va fer jurar a la princesa que compliria el matrimoni

L'ànima de Tirant va sentir un goig inefable quan es va veure en camí de poder posseir la corona de l'Imperi grec per mitjà de les noves esposalles, veient que l'Excelsa senyora li havia volgut mostrar l'infinit amor que li tenia amb tanta liberalitat i amistat i que l'havia tractat amb fe verdadera i esperit ferm. I a Tirant, a causa d'aquella glòria que sentia, li semblava que conquistar el món era un no-res; i tenia un gran desig de poder-ho explicar al seu cosí germà Diafebus, duc de Macedònia, perquè creia que, així com a ell, a tothom li havia de plaure l'alegria que ell tenia. I encara, per a major seguretat seva, va agafar un reliquiari que portava en què hi havia un tros del *Lignum crucis*[66] on el Fill de la casta donzella havia posat les seves precioses espatlles, i hi va fer posar les mans a la princesa, per tal que jurés que ella, amb fe pura i sincera intenció, demanava el matrimoni. I ella va fer el jurament amb molta alegria, i Tirant li va dir:

—Senyora, la vostra Majestat demana igualtat en aquest matrimoni a fi de viure segura de mi. I és per això que faig el mateix jurament de ser-vos lleial i verdader i no oblidar-vos per cap altra del món.

I la princesa va renunciar a totes les lleis imperials i a totes les coses que la poguessin protegir i fer-li mal a ell.

I un cop fet tot el que s'ha dit més amunt, Tirant es va agenollar en el terra dur i li va voler besar les mans, perquè temia ofendre-la més que a cap sant. Ella no ho va permetre, i ell li va donar infinites gràcies per la gràcia que havia obtingut d'ella. I mentre esperava sentir una altra vegada paraules de la seva Majestat que manifestessin l'estament de la seva vida, la princesa no va tardar a parlar així.

---

66. *Lignum crucis*: creu de fusta en què fou crucificat Jesús de Natzaret.

CCLXXIII

Rèplica que fa la princesa a Tirant

–Encara que la meva poca edat i el temor de restar avergonyida m'hagin detingut fins ara, que no he pogut ni tenia l'atreviment de poder-vos manifestar tot el meu voler, tot i que l'amor infinit i els pensaments dolorosos m'acompanyaven, he estat forçada a atorgar-vos part del premi del qual sou mereixedor; tot i que pel meu honor i la meva fama em reservo la part més desitjada per vós, la qual us serà tan guardada com els ulls. I després del triomf de la vostra pròspera victòria, amb repòs benaventurat, collireu sense temor aquell dolç i saborós fruit d'amor que s'acostuma a collir en el sant matrimoni, el qual us farà portar durant la vostra benaventurada vida aquella pròspera corona de l'Imperi grec, la qual vós, per la vostra gran virtut, haureu recobrat. I us suplico que no us enutgeu d'haver d'esperar tant, perquè la glòria i el delit d'aquest món miserable no es poden aconseguir sinó amb actes treballosos; però la delectació més gran que pot sentir la meva ànima és estimar-vos, que sou el major bé que puc posseir. Mes, qui serà aquella desventurada persona que pugui separar mai dues voluntats tan conjuntes i unides, si no era doncs per culpa vostra? I us voldria dir moltes coses sinó que no goso perquè dubto que no siguin sabudes. Aquí podeu veure que us vull bé, que no es pot comparar amb res del món. I el mal més gran en què la meva ment pot pensar és quan penso en la vostra absència, que durant algun temps no us veuré. Però la ferma esperança que tinc de la vostra pròspera i ràpida tornada m'aconsella i em dóna algun remei per al meu dolor. I ja no us puc dir altra cosa sinó que maneu de mi, com a senyor que us he fet de la meva persona, tot el que us plagui.

Tirant va voler satisfer les afables raons de la princesa i, amb veu tremolosa, més de sobreabundant alegria que de dolor ni temor, va començar a dir paraules d'aquest estil.

CCLXXIV

Rèplica que fa Tirant a la princesa

–Sento més glòria de la que hagi sentit mai quan penso que la Majestat vostra té tanta gratitud que valora tant els meus treballs; i encara que jo hagués servit la vostra celsitud tota la meva vida, el premi de la meva servitud no seria tan valuós com la vàlua de la vostra noble i agraciada persona. I per bé que la vostra edat sigui de pocs dies, teniu molta saviesa, acompanyada de molta discreció, segons heu mostrat manifestament en voler-me donar un premi tan gran com és la vostra virtuosa persona com a compensació als pocs serveis que he fet a la celsitud vostra i tenint en compte la vostra gran dignitat, que no pot donar sinó coses de gran estima. I per bé que jo tingui present l'esperança graciosa de posseir en un futur la cosa que desitjo més en aquest món, és tanta la voluntat que tinc de posseir-la en aquest moment, que cada hora sense obtenir-la em semblen mil anys. I crec que, pels meus pecats, mai no en veuré el final. Per la qual cosa, us agrairia que, abans de la meva trista partida, em féssiu la gràcia de deixar-me sentir part d'alguna espurna d'aquella glòria singular que la vostra Majestat m'ha atorgat amb molta benignitat i que jo, besant-vos les mans, he acceptat, de manera que, si fos possible de canviar, el temps esdevenidor fos fet present. Això seria la major gràcia que podria atènyer en aquest món. Us prometo sota jurament de no passar els límits de la vostra voluntat, ja que us tinc per deessa de la meva vida i us adoro com a Déu, de qui espero haver la salvació de la meva ànima pecadora.

La princesa no va tardar, amb gest afable, a parlar així.

[Resum dels capítols CCLXXV al CCLXXIX]

La princesa diu a Tirant que es posi d'acord amb Plaerdemavida i que ella acceptarà allò que decideixin. Plaerdemavida, amb l'ajuda d'una donzella, torna a introduir Tirant a l'habitació de Carmesina; aquesta vegada, però, amb el seu consentiment. Un cop a l'habitació, Tirant pretén fer bodes sordes; Carmesina, en canvi, li demana que respecti la seva virginitat.

CCLXXX

Rèplica que fa Tirant a la seva princesa

–Senyora, el moment de veure-us en camisa o tota nua em sembla que tarda molt. Jo no vull la vostra corona ni la seva senyoria; doneu-me tots els drets que em pertanyen segons mana la santa mare Església amb aquestes paraules: «Si les donzelles són unides amb esforç en un matrimoni verdader, qui pot i no ho fa, peca mortalment si després del matrimoni no hi ha còpula»; i em sembla, senyora, que si vós estimeu el cos, també heu d'estimar la meva ànima; i l'Altesa vostra no ha de consentir que jo pequi voluntàriament: sabeu bé que a l'home que s'arma per lluitar mentre està en pecat mortal Déu no li vol tenir cap mercè.

I, tot i que parlava, Tirant no s'estava de començar a treure-li la roba i de descordar-li la gonella mentre la besava infinites vegades dient:

–Una hora que estiguem al llit em sembla un any; ja que Déu m'ha donat tant de bé, em fa por de perdre'l.

Plaerdemavida va dir:

–Ai, senyor!, per què voleu esperar a anar al llit? Sinó damunt dels seus vestits perquè facin de testimoni més veritable.[67] I nosal-

---

67. Carmesina s'ha posat un vestit molt luxós que li havia regalat el seu pare per al dia del seu casament.

tres tancarem els ulls i direm que no hem vist res, perquè si espereu que la seva Altesa es despulli, n'hi ha fins al matí. Després, si quèieu en una falta semblant o es produïa algun inconvenient, Nostre Senyor us podria demanar les penes del cavaller que es resisteix a l'amor. No ho voldríeu per tot el món! I, com que vós sou un enamorat tan cortès, Nostre Senyor no us voldria donar més aquest bocí, ni tindria res més per donar-vos, ja que no conec cap home en el món que no se l'empassés encara que s'hi pogués ofegar.

Va respondre la princesa:

–Calla, enemiga de tota bondat! No hauria pensat mai de tu, Plaerdemavida, que tinguessis tanta crueltat, perquè fins al dia d'avui t'he tingut com si fossis una mare o una germana, i ara sembles una madrastra pels mals consells que dónes contra mi.

En aquest punt, Tirant l'hagué acabada de descordar i, en braços, la va posar sobre el llit. Quan la princesa es va veure en un pas tan estret, que Tirant, despullat, s'havia posat al seu costat i treballava amb l'artilleria per entrar al castell, ella, veient que per força d'armes no el podria defensar, va pensar si amb les armes de les dones el podria salvar, i amb els ulls destil·lant vives llàgrimes va començar aquesta lamentació.

CCLXXXI

Lamentació que fa la princesa estant en els braços de Tirant

–Amb mà tremolosa eixugaré els meus tristos ulls abans de dir-te res. Oh, quantes piadoses paraules t'he ofert i no et plau d'acceptar-les! Que et mogui a pietat el meu error i la nova vergonya de la culpa infinita, ja que treballes per apartar de mi el molt amor que sento per tu, volent usar el teu poder absolut sobre mi i agreujar la meva ànima amb ira infinita. L'ofensa que em faries seria gran, i et puc ben dir que farà disminuir tant el meu amor per tu que n'estaràs admirat, així com Llucifer, que va caure de l'alta cadira. No voldria que tu caiguessis en un error tan grandíssim, i que no hagi de creure que t'estimes més el teu delit que la meva glòria i el meu honor. Però jo t'obeiré sempre i podràs fer de mi tot el que et plaurà, que ho suportaré amb molt dolor, només pel poc amor que m'hauràs demostrat. No plagui a Déu que en l'esperit francès i de la casa de Bretanya hi pugui habitar tan poc amor. Tirant, obre els ulls de l'enteniment a la gran desventura que t'espera i recupera la consciència; fes que torni la raó i desvia i posa fre als apetits desitjosos, tempra els volers no savis en altres obres, endreça els teus pensaments i resisteix a aquest principi de voluntat libidinosa. Perquè les lleis d'amor tenen major força que algunes altres: trenquen no solament les lleis d'amistat, sinó també les que poden ser dites divines, de marit i de muller. T'ho suplico, senyor Tirant, no vulguis esdevenir causa d'ira o que t'avorreixi, perquè resistir a les males inclinacions del delit és una grandíssima virtut.

I la princesa feia totes aquestes lamentacions i altres de semblants amb els ulls destil·lant vives llàgrimes abundantment.

Quan Tirant va veure les abundants llàgrimes i les discretes i piadoses paraules de la seva senyora, acompanyades de tant amor, va decidir acontentar-la aquella nit seguint la seva voluntat; per bé que en tota aquella nit les hores de son dels dos amants foren poques, que van jugar i es van entretenir, ara al cap del llit, ara als peus, fent-se moltes carícies i mostrant cadascú una gran satisfacció. I quan era quasi de dia, que la gent del palau ja es llevava, la princesa va dir:

–Per a contentació meva, no voldria que el dia hagués arribat tan ràpid, i em plauria que aquest delit durés un any o no s'acabés mai. Lleva't, Tirant, senyor de l'Imperi grec, que demà, o quan et plagui, podràs tornar al mateix lloc.

Tirant es va llevar amb gran dolor i va dir:

–Em plau de fer el que em maneu, però temo que el meu voler no es podrà complir mai, i el meu pensament està molt dubtós.

I, per no ser sentit ni vist per ningú, va marxar amb molta passió i congoixa, fent-li petons infinits sense ordre.

Quan se'n va haver anat, Plaerdemavida estava tan atribolada que no podia més. La princesa la va fer cridar i va fer venir la donzella de Montblanch, per tal com totes dues sabien tot el que havia passat entre ella i Tirant:

–Mal bé hi posi Déu! –va dir Plaerdemavida–. Vostra Altesa en té el plaer, Tirant el delit i jo en tinc el pecat; però em dol tant que no s'hagi fet que em sembla que em moriré de ràbia. Deixeu que vegi el dèbil i abatut cavaller i veureu què li diré! Que mai més no faré res per ell, ans al contrari, que el perjudicaré tant com em serà possible.

–Per la meva fe –va dir la donzella de Montblanch–. Ell ha obrat amb gran virtut com a cavaller valentíssim i cortès que és, que s'ha estimat més perdre el seu delit que enutjar la meva senyora. [...]

[Resum del capítol CCLXXXII]

Al final del capítol anterior, se celebren unes festes en honor de Tirant, abans no marxi al camp de batalla.

Plaerdemavida recrimina a Tirant la poca decisió que ha mostrat davant Carmesina, però li diu que quan acabi la festa llegeixi la carta que li ha deixat a la seva posada. En arribar-hi, l'heroi es troba que la princesa li ha regalat una càrrega d'or.

La Viuda Reposada, per la seva banda, prepara el terreny per tal de frustrar els amors entre els dos joves.

CCLXXXIII

Ficció que va fer la reprovada Viuda a Tirant

–No em sorprèn que vulgueu conquistar el món, ja que a mi em teniu captivada. La fortuna, enemiga de la pau, té abrigat el meu flac i dèbil cos amb l'amor que sento per la vostra Senyoria; i això és el que m'obliga a parlar, perquè veig que voluntàriament us voleu ofegar en una bassa d'oli, i vós, que sou un home adolorit que s'ha desviat del camí, no trobeu qui us empari ni tingui pietat de vós. Jo vull ser aquella que, tenint pietat de vostra mercè, us empari i us tregui dels llimbs[68] de dolor perpetu i infàmia; per això podreu dir que el meu cos és clar i net, i no és tan fosc com l'*Apocalipsi*.[69] Si voleu veure el vostre dolor o la vostra salut, sapigueu que en un temps futur esdevindran goig i alegria i tots els dies de la vostra vida haureu de donar gràcies a Déu i pregar per mi; perquè jo considero que és boig qui, en aquesta vida, es procura la ira de Déu i de la gent. Per això, senyor Tirant, si a les dues tocades voleu anar a un lloc secret, podreu veure tot el que us he dit.

Tirant va respondre que li semblava bé i que estaria preparat a l'hora que ella digués.

La Viuda es va separar ràpidament de Tirant. Al darrere de l'hort, havia preparat una casa d'una dona molt anciana. La va fer moblar molt bé i hi va fer posar un llit adequat a la categoria de Tirant.

Com que la princesa havia dormit poc, es va despullar per dormir més a pler.

Quan la rabiosa Viuda va veure que ja era l'hora fixada, va anar a buscar Tirant en secret, li va prendre jurament i el va fer disfressar, i tots dos sols van anar a l'estança de la vella. La cambra tenia una petita finestra que donava a l'hort, des d'on es podia veure bé tot el que s'hi feia. Però la finestra era tan alta que només s'hi podia mirar amb l'ajut d'una escala. La Viuda portava dos grans miralls: l'un el va posar ben alt, a la finestra, l'altre el va posar a baix, davant de Tirant i de l'altre mirall. Així, tot el que es mostrava al de dalt, es reflectia al de baix, perquè un mirall estava de dret a l'altre. Per explicar-ho amb un exemple: un home que té

---

68. *llimbs*: segons la tradició catòlica, lloc on les ànimes dels justos esperaven la redempció. Ara bé, l'expressió també té un altre significat: *estar als llimbs* significa 'no estar informat d'alguna notícia que tots els altres coneixen'.

69. *Apocalipsi*: llibre de l'evangelista sant Joan, que revela els esdeveniments de la fi del món.

una ferida a l'esquena, com la podrà veure? Doncs que agafi dos miralls, en posi un a la paret, i l'altre de dret a aquell mirall, de manera que el pugui veure; i la ferida es reflecteix en el primer mirall, i d'aquell es reflecteix en l'altre.

Quan la Viuda va haver fet això i va haver deixat Tirant a la cambra, se'n va anar corrents al palau. I es va trobar la princesa, que estava dormint al llit, i li va dir:

—Lleveu-vos, senyora, que el senyor emperador m'envia a dir-vos que, per ordre dels metges, us lleveu i no dormiu tant, ja que havent vetllat la nit passada, si dormiu molt després de dinar, i amb aquesta calor, s'engendrarien moltes malalties que perjudicarien la vostra delicada persona.

I va obrir les finestres de la cambra perquè no dormís, la qual cosa va acceptar la princesa per les piadoses paraules del seu pare. Quan es va llevar, es va posar una faldilla de brocat i anava tota descordada, sense drap de pits i amb els cabells escampats per les espatlles. La Viuda li va dir:

—Els metges pensen que us aniria bé que baixéssiu a l'hort per veure aquella verdor. I hi farem molts jocs perquè us passi la son, que jo tinc unes vestidures de la festa del Corpus Christi que semblen el vostre hortolà. I Plaerdemavida, a qui agraden molt aquestes coses i s'hi diverteix, se les vestirà i us explicarà les seves bromes i ocurrències.

La princesa, amb la Viuda i amb les dues donzelles, va baixar a l'hort. Tirant mirava el mirall contínuament, i va veure arribar la princesa amb les seves donzelles i que s'asseia prop d'una séquia d'aigua. La Viuda ho havia planificat tot molt bé, i se les va enginyar perquè el negre hortolà aquell dia no fos a l'hort, sinó que el va fer anar a la ciutat de Pera. La Viuda va ajudar a vestir Plaerdemavida amb la careta que li havien fet, exactament com la cara del negre hortolà. I, amb aquelles robes, va entrar per la porta de l'hort. Quan Tirant el va veure entrar, realment es va pensar que aquell era el moro hortolà. Portava una aixada al coll i va començar a cavar. Al cap d'un moment, es va acostar envers la princesa, es va asseure al seu costat, li va agafar les mans i les hi va besar.

Després li va posar les mans als pits i li va tocar les mamelles, i li feia requestes d'amor.

La princesa feia grans rialles, així que li va fer passar tota la son. Tot seguit, ell se li va acostar molt i li va posar les mans sota les faldilles. Totes estaven molt alegres per les coses divertides que deia Plaerdemavida. La Viuda girava la cara cap a Tirant, es retorçava les mans i escopia a terra, mostrant el fàstic i el dolor que sentia pel que feia la princesa.

Penseu l'infeliç i desventurat Tirant, que un dia estava tan orgullós i content d'haver aconseguit una senyora de tan alta dignitat per esposada, la cosa que ell desitjava més en aquest món, i després va veure amb els seus propis ulls el seu dol, el seu plany i el seu dolor! I, meditant, va sospitar que els miralls no li oferissin una imatge falsa del que veia, i els va trencar per veure si dins hi havia alguna cosa maliciosa que hagués estat feta per art de nigromància: i no hi va trobar res del que pensava. Llavors va voler pujar dalt a la finestra per mirar si podia veure millor com acabava aquell afer. I, com que va veure que no tenia escala, perquè la Viuda, malfiant-se'n, ja les havia apartat, no va tenir altre remei que agafar el banc que hi havia davant del llit i posar-lo dret; tot seguit, va agafar una corda que va tallar de la cortina, la va passar per la biga i va pujar a dalt. I va veure com el negre hortolà s'emportava la princesa de la mà cap a una cambra que hi havia a l'hort, on guardava les eines per a conrear l'hort i on dormia. I Plaerdemavida la va fer entrar dins la cambra; van buscar la caixa en què guardava la seva roba de vestir i li ho van regirar tot. Després d'una estona, ella va sortir, i la Viuda passejava prop de la cambra amb una donzella. Quan la van veure sortir, la Viuda es va acostar a la donzella, li va donar un mocador de cap, i li va dir, perquè el joc acabés amb rialles:

—Posa'l sota les faldilles de la princesa.

La donzella, tal com la Viuda li havia ensenyat, quan va arribar davant de sa Altesa, es va agenollar i li va posar el mocador sota les faldilles: i la ignorància de la princesa va afavorir la malícia de la Viuda.

En veure allò tan nefand, el cap de Tirant es va omplir de cruels pensaments i, amb veu miserable, plena de dolor inestimable, va iniciar aquesta lamentació:

—Oh, fortuna, enemiga de tots aquells que desitgen viure en el món d'una manera recta! Per què has permès que els meus ulls desventurats hagin pogut veure allò que cap persona vivent no ha vist mai ni podria pensar que fos possible, ja que a la condició femenina és impossible d'atribuir-li cap mal? Oh, fortuna adversa! En què t'he ofès, que em fas sortir victoriós i triomfant de les batalles i en l'amor sóc l'home més malaurat que hagi nascut mai? M'havies lligat en un matrimoni de tanta dignitat, del qual jo no era mereixedor, atesa la meva condició. Jo l'havia aconseguit amb els meus esforços i la teva ajuda, i ara, per envilir-me encara més, has permès que sigui deshonrat per un home de la més vil condició i natura que es pugui trobar, i enemic de la nostra santa fe catòlica. Oh, senyora princesa, sobre quina indiscreció reposa la teva ànima, que hagis pogut pensar que, després de lligar-me amb la teva requesta de matrimoni, podies causar-me aquest greuge sense tenir temor de Déu ni del teu pare, ni encara menys de mi, que sóc el teu marit i qui hi té més interès! No hauria cregut mai que en una donzella de tan poca edat hi hagués tan poca vergonya i tant d'atreviment, que cometés sense temor un crim tan abominable. Oh, fortuna, com és que estàs tan descontenta de mi, que en uns casos m'exalces i en altres em rebaixes tant! Ajuntes noves inquietuds a les meves penes. Tu, sorda i de poc amor, assegura els meus planys i mitiga les meves lamentacions d'infinit dolor, perquè no hagi de fer res de què després m'hagués de penedir. Oh, trist desventurat! Sigui qui sigui jo, en les grans coses s'ha demostrat, no he volgut senyorejar amb ànim cruel com pertoca als casos de prosperitat, i ara jo, petit servent desventurat, m'he tornat abominable perquè he estat refusat per la meva senyora.

En aquest punt va entrar la Viuda Reposada, que s'havia aturat una bona estona escoltant darrere la porta i havia sentit totes les lamentacions de Tirant. I va dir:

—Ara començaran a passar les coses que jo he planejat.

Quan fou dins la cambra, va veure que estava molt adolorit, amb el coixí ple de llàgrimes, i que continuava lamentant-se. Es va asseure prop d'ell, a punt per, si Tirant li deia res, fer tot el que li manés. Quan la Viuda va veure que Tirant no canviava de so, el va començar a consolar amb paraules d'aquest estil.

CCLXXXIV

Conhort que fa la Viuda Reposada a Tirant

–Moguda per aquell amor extrem, pel qual hom s'ha de sentir inclinat naturalment a estimar les persones virtuoses, prenc en consideració la pèrdua del vostre honor i fama, i no me'n puc consolar veient la vostra persona, que està acompanyada de tanta singularitat i de virtuts infinites, i que ha fet tantes i tan assenyalades cavalleries com la vostra mercè ha fet per una persona que no ho sap gaire i ho valora encara menys, i que és digna de gran reprensió perquè estima més el plom que l'or, que estima tota deshonestedat, sense voler-se adonar de la gran infàmia que li esdevindrà si porta aquesta vida abominable, ja que no se'n vol estar ni amb precs ni amb amenaces, sinó que sent alegria de complir el seu desig. Trista de mi! Què faré? No trobo cap remei que em pugui ajudar. Amb aquestes mamelles –les quals es va treure fora perquè Tirant les veiés– he donat de mamar a aquesta senyora.

I les va tenir així una bona estona, fent veure que amb les lamentacions que li feia havia oblidat de tapar-se-les.

Encara va dir més:

–Senyor Tirant, preneu aquell confort que els miserables solen prendre en les seves misèries acompanyades de molta compassió. Oh, Senyor totpoderós, Trinitat verdadera! Així mostrava jo amb quanta ira furiosa, i amb quantes llàgrimes, amb quanta angoixa de la meva ànima quasi cada dia aquests pensaments passaven pel meu enteniment. Però l'amor tebi i l'esperança em van fer canviar el primer desig en pur dolor; i la meva cara, que s'havia tornat tota groga, feia esdevenir malenconiosa tota la meva cambra; parlava desvariejant i els meus pensaments dubtosos em causaven aflicció. Però, en arribar la nit, fatigada de tants dolors, em trobaven sola a la meva cambra, eixugant els meus ulls plorosos amb un drap d'estopa per tal de sentir més pena.

Tirant no va tardar a donar-li aquesta resposta.

[Resum dels capítols CCLXXXV al CDXXIII]

La Viuda torna a fer proposicions amoroses a Tirant, però ell la rebutja. Quan surt de la cambra, es troba l'hortolà, que acaba de tornar de Pera, i el degolla.

Els turcs, aprofitant l'absència del capità, han obtingut una nova victòria sobre els cristians i han fet presoner Diafebus. Tirant, profundament ofès amb Carmesina, decideix embarcar i tornar al camp de batalla. Quan puja a l'embarcació, el visita Plaerdemavida, que li explica la trampa que els ha parat la Viuda.

En aquell moment, es desferma una tempesta que els farà naufragar a les costes de Berberia. Només aconsegueixen salvar la vida Tirant i Plaerdemavida, però per separat. És llavors que s'inicien les aventures de Tirant pel nord d'Àfrica. La donzella és recollida per un vell moro, que es mostra bondadós amb ella. Tirant, en canvi, cau en mans d'un dignatari del rei de Tremicèn, el cabdillo sobre els cabdillos. Tirant amaga la seva identitat i entra al seu servei. Paral·lelament, el rei d'Etiòpia, Escariano, inicia la guerra contra Tremicèn. Escariano guanya les primeres batalles i pretén casar-se amb Maradigna, filla del rei de Tremicèn. El cabdillo, intuint que Tirant està dotat per a la guerra, el fa lluitar i guanyen la primera batalla. Maradigna s'enamora de Tirant.

Gràcies a la traïció d'un jueu, Escariano entra a Tremicèn, mata el rei i s'emporta Maradigna. Però Tirant la rescatarà ajudat per un cristià captiu albanès. Maradigna ofereix el seu amor a Tirant, però ell li respon que el seu amor es manté fidel a Carme-

sina. De tota manera, fa que la donzella mora es converteixi al cristianisme. Escariano també ho fa per amor a Maradigna i, amb ell, més de quaranta mil súbdits. Escariano i Maradigna es casen. Però els infidels ataquen aquest nou regne cristià. Per sort, el senyor d'Agramunt ajuda els cristians. Lliuren tot un seguit de batalles i, quan arriben a Montàgata, troben Plaerdemavida que fa de donzella de la reina. Tirant els cristianitza tots, casa Plaerdemavida amb el senyor d'Agramunt i els concedeix els reialmes de Fes i Bugia.

Tirant rep la notícia que els turcs són a les portes de Constantinoble i decideix organitzar una expedició que acabi definitivament amb l'amenaça turca. Així doncs, emprèn el camí cap a Troia i, un cop allà, envia un missatger a l'emperador. Constantinoble està completament assetjada pels turcs i es defensa tan bé com pot sota el comandament d'Hipòlit. Quan la Viuda Reposada s'assabenta que Tirant ha tornat, decideix suïcidar-se. L'heroi de seguida comença a vèncer batalles, de manera que els exèrcits infidels queden aïllats. El soldà i el Gran Turc, preveient la derrota, proposen a Tirant una treva de tres mesos o un tractat de pau de cent anys. Tirant va a Constantinoble per consultar-ho amb l'emperador. Quan arriba a la cort, es retroba amb Plaerdemavida, reconvertida en reina de Fes.

CDXXXIV

Com Tirant va anar a Constantinoble per parlar amb l'emperador

Tirant es va reunir amb el consell, format pels magnànims reis, ducs, comtes i barons, per parlar sobre la resposta que s'havia de donar als ambaixadors del soldà i del turc. I tot el consell va deliberar que fos consultada la Majestat de l'emperador. Llavors el valerós Tirant va pensar que havia aconseguit allò que més desitjava, és a dir, tenir una excusa legítima per a anar a veure i saludar aquella per la qual tenia la seva ànima presonera. I com que aquest afer era de gran importància i tenia més a veure amb el seu honor que amb el de tots els altres, va decidir d'anar, sol i en secret, a la noble ciutat per parlar amb la Majestat de l'emperador i conèixer la seva voluntat i la seva decisió, de la qual podria sortir la pau i la tranquil·litat per a l'Imperi grec i, per a ell, el tranquil repòs en braços de la seva senyora.

I, en arribar la fosca nit, va parlar amb el rei de Sicília i amb el rei de Fes i els va donar el comandament del camp. Després, va pujar en una galera i va dirigir-se cap a Constantinoble, que distava vint milles del camp de Tirant.

Tirant va arribar al port a les deu de la nit. Es va disfressar i va sortir a terra només amb un acompanyant. Va ordenar al patró de la galera que no marxés d'allà i quan fou al portal de la ciutat va dir als guàrdies que l'hi obrissin, ja que era un servidor de Tirant que venia a parlar amb la Majestat del senyor emperador. Els guàrdies l'hi van obrir immediatament, i es va posar en camí cap al palau de l'emperador. Quan hi va arribar, li van dir que l'emperador ja s'havia ficat al llit. Tirant va anar a la cambra de la reina de Fes i la va trobar resant dins la recambra. Quan la reina el va veure, de seguida el va conèixer i va córrer a abraçar-lo i besar-lo, i li va dir:

–Senyor Tirant, sento un plaer inestimable i una enorme alegria per la vostra desitjada vinguda, i ara encara tinc més motius per donar gràcies a Déu, el qual es digna a escoltar les meves pregàries. No puc explicar-vos la joia que sent la meva ànima en veure-us, ja que penso que a la fi les meves oracions devotes han obtingut el major bé que desitjava, això és, la vostra presència, enemiga de tota tristor. No crec pas que siguin els meus mèrits, sinó els vostres, els que han fet inclinar la divina Bondat, però, quan he acabat de dir les darreres paraules de les meves pietoses pregàries, no sé si mans d'àngels o moviments celestials han fet girar la meva feixuga i trista persona cap a la porta de la meva desconsolada recambra, i us he vist a vós, senyor, que sou la persona més virtuosa i amb més mèrits del món. Veniu, senyor, que sou digne de tota glòria: ja és hora que obtingueu la paga i la satisfacció dels vostres honrosos esforços, reposant delitosament en els braços d'aquella que és el terme de la vostra felicitat i la causa de les vostres magnànimes empreses. Jo crec que, si vós voleu, us ajudaré a aconseguir allò que tant heu desitjat. I si ara no feu la meva voluntat, us juro que no podreu comptar mai més amb mi, ja que me'n tornaré a les meves terres tan aviat com em serà possible.

El valerós Tirant no va deixar parlar més la reina, i va dir aquestes paraules:

—Germana i senyora, si alguna vegada us he estat poc obedient, suplico a la vostra mercè que em perdoneu. Us prometo i us juro, per l'orde de cavalleria que tinc, que no hi haurà res en el món que vós em maneu que jo no obeeixi, encara que estigui segur que m'ha de causar la mort. Ara sé del cert que sempre m'heu donat bons consells, tot i que jo no els he sabut aprofitar.

—Ara, doncs –va dir la reina–, veurem què sabreu fer, que es veurà per experiència, ja que heu d'entrar en lliça de camp clos, i no us tindré per cavaller si no us veig vencedor de la delitosa batalla. Espereu-vos aquí a la recambra, que jo aniré a parlar amb la princesa i li suplicaré que aquesta nit vingui a dormir amb mi.

Ràpidament, la reina va deixar Tirant i va anar a la cambra de la princesa, i la va trobar a punt de ficar-se al llit. Quan la princesa va veure la reina, li va dir:

—Què us passa, germana, que veniu tan apressada?

La reina va fingir una gran alegria i, acostant-se a l'orella de la princesa, li va dir:

—Senyora, feu-me el favor de venir a dormir amb mi a la meva cambra aquesta nit, perquè he de parlar amb la vostra Majestat sobre moltes coses, ja que ha vingut una galera del camp de Tirant i n'ha baixat un home a terra que ha parlat amb mi.

I la princesa, molt alegre, li va dir que ho faria de grat, ja que hi havia dormit altres vegades, i també la reina a la cambra de la princesa. Feien això quan volien parlar a pler sense despertar les sospites de l'emperadriu i les donzelles.

La princesa va agafar la reina de la mà i se'n van anar a la seva cambra, la qual van trobar molt endreçada i ben perfumada, ja que la reina així ho havia disposat. La princesa de seguida es va ficar al llit pel gran desig que tenia de saber notícies de Tirant; i les seves donzelles la van ajudar a despullar-se. Quan va ser al llit, li van donar la bona nit, perquè ja estava preparada sense saber-ho.

Quan les donzelles van ser fora de la cambra, la reina va posar la balda a la porta i va dir a les seves donzelles que se n'anessin a dormir, perquè ella havia de dir una petita oració i després es ficaria al llit, que no hi volia ningú. Totes les donzelles van entrar en una altra cambra on dormien.

Quan la reina les va haver acomiadat totes, va entrar a la recambra i va dir al virtuós Tirant:

–Cavaller gloriós, quedeu-vos en camisa i, descalç, aneu-vos a posar al costat d'aquella que us estima més que la seva vida; i feriu fort amb els esperons, tal com correspon a cavaller, deixant de banda tota pietat. I no feu observacions, que no us les admetria, ni hi poseu cap entrebanc, perquè jo us juro, a fe de reina, que si no feu el que us he dit, mai més en tota la vostra vida no aconseguireu aquesta gràcia.

Quan Tirant va sentir les tan afables paraules de la reina, es va agenollar i va voler besar els peus i les mans de la reina, i li digué aquestes paraules.

CDXXXV

Les gràcies d'amor que Tirant fa a la reina

–Senyora i germana, amb cadenes resistents empresoneu la meva llibertat. Amb això que heu fet per mi, us seré captiu i us serviré tots els dies de la meva vida. És impossible que us pugui fer cap servei que es pugui comparar al que heu fet per mi. Vós em doneu la vida, vós em doneu la glòria; vós, el bé; vós, el plaer; vós feu que la meva ànima cansada posseeixi el paradís en un cos mortal. Encara que us donés tot el que em resta de vida i el que podria conquistar, juntament amb allò que m'ha donat la fortuna, no tindríeu prou premi. Només l'amor us pot pagar: jo us estimaré amb el mateix amor veritable que us ha guiat per fer-me un favor tan singular. Que no em mori fins que pugueu veure de mi un acte semblant al que vós m'heu manifestat.

–Senyor Tirant –va dir la reina–, no perdeu més temps, que el temps perdut no es pot recuperar. Despulleu-vos de seguida.

El virtuós Tirant es va treure la roba tan ràpidament, que en un moment va estar despullat, descalç i en camisa. La reina el va agafar de la mà i el va portar al llit on era la princesa.

La reina va dir a la princesa:

–Senyora, heus ací el vostre cavaller benaventurat i que la vostra Majestat tant desitja. Que la vostra mercè li faci bona companyia, tal com s'espera de la vostra excel·lència, ja que no ignoreu quants mals i treballs ha passat per tal d'obtenir la felicitat del vostre amor. Comporteu-vos sàviament, ja que sou la discreció del món, que és el vostre marit. I que la Majestat vostra no pensi sinó en el present, que tots ignorem quin serà el futur.

La princesa va respondre:

–Germana falsa, no hauria pensat mai que em trairíeu d'aquesta manera. Però confio que la gran virtut del meu senyor Tirant suplirà la vostra gran falta.

I no us penseu pas que durant aquest parlament Tirant estigués ociós. Al contrari, les seves mans feien el seu ofici. La reina els va deixar estar i se'n va anar a dormir en un llit de repòs que hi havia a l'habitació. Quan la reina se'n va haver anat, la princesa es va adreçar a Tirant, que intensificava el combat, i li va dir aquestes paraules.

CDXXXVI

Com Tirant va vèncer la batalla i, per força d'armes, va entrar al castell

–Mon senyor Tirant, no convertiu en adolorida pena l'esperança de tanta glòria com ha estat aconseguir la vostra desitjada vista. Tranquil·litzeu-vos, senyor, i no vulgueu usar la vostra força bel·licosa, que les forces d'una delicada donzella no són suficients per a resistir semblant cavaller. No em tracteu, per la vostra gentilesa, d'aquesta manera. Els combats d'amor no s'han d'intensificar; que no s'aconsegueixen amb la força, sinó amb enginyosos afalacs i dolços enganys. Deixeu l'obstinació, senyor; no sigueu cruel; no penseu que això sigui camp ni lliça d'infidels. No vulgueu vèncer la que ja ha estat vençuda per la vostra benvolença: us mostrareu com un cavaller damunt l'abandonada donzella. Doneu-me una part de la vostra virilitat perquè us pugui resistir. Ai, senyor! I com us pot agradar una cosa forçada? Ai! I l'amor us pot consentir que feu mal a la cosa estimada? Senyor, atureu-vos, per la vostra virtut i acostumada noblesa. Mireu, desventurada! Que les armes d'amor no han de tallar, no han de trencar, no ha de ferir l'enamorada llança! Tingueu pietat, tingueu compassió d'aquesta donzella desvalguda! Ai cruel, fals cavaller! Cridaré! Vigileu, que vull cridar! Senyor Tirant, no tindreu pietat de mi? No sou Tirant! Trista de mi! Això és el que jo tant desitjava? Oh, esperança de la meva vida, vet aquí la teva princesa morta!

I no us penseu que, per les piadoses paraules de la princesa, Tirant s'estigués de fer la seva feina, ja que en poca estona Tirant hagué vençut la batalla delitosa, i la princesa va retre les armes i es va abandonar esmorteïda. Tirant es va aixecar ràpidament del llit pensant que l'havia morta, i va anar a cridar la reina perquè el vingués a ajudar.

La reina es va llevar de seguida, va agafar una ampolla d'aigua de roses i n'hi va posar a la cara i als polsos, de manera que va recobrar el sentit i, fent un gran sospir, va dir.

CDXXXVII

La reprensió d'amor que fa la princesa a Tirant

–Encara que aquests siguin els senyals de l'amor, no s'han de prendre amb tanta força i crueltat. Ara, senyor Tirant, arribo a creure que no m'estimàveu amb un amor virtuós. La brevetat d'un plaer tan petit ha pogut inhibir la virtut i ha consentit que hàgiu maltractat tant la vostra princesa? Si almenys haguéssiu esperat el dia de la solemne i cerimonial festa, hauríeu entrat lícitament als ports de la meva honesta castedat. Ni vós no heu actuat com a cavaller, ni jo he estat tractada com a princesa, raó per la qual em sento veritablement injuriada. Aquesta ira raonable i la pèrdua per escampament de les meves carmesines estrades[70] han fet que la meva delicada persona hagi quedat tan debilitada per l'ofensa, que tinc la certesa que entraré vençuda als regnes de Plutó[71] primer que vós hàgiu vençut i robat les tendes dels temorosos infidels. Així que la festa de goig que s'havia de celebrar per mi la podeu transformar en tristes i doloroses exèquies.

La reina no va esperar que l'afligida princesa digués res més, sinó que li va dir amb cara alegre:

–Ai, na beneita! Si en sabeu, de fer la llagrimeta! Que les armes d'amor no fan mal a cap donzella! Que Déu em deixi morir d'una mort tan dolça com la que vós fingíeu! Que em vingui el mal que vulgueu, si demà al matí no esteu guarida.

La princesa, no prou consolada de la pèrdua de l'honestedat, no va voler respondre les folles paraules de la reina i va callar. Tirant se'n va tornar al llit i la reina se'n va anar a dormir. Els dos

---

70. L'edició original parla dels *carmesins estrados*. Carmesina lamenta el seu desflorament i associa la sang amb el seu propi nom, que prové del mot *carmesí*, és a dir, 'vermell fosc'.

71. *Plutó*: nom llatí del déu grec Hades. Segons la mitologia grecoromana, és el senyor del món dels morts.

amants van estar tota la nit en aquell benaventurat esbarjo que solen fer els enamorats.

[Resum dels capítols CDXXXVIII al CDLXVII]

L'emperador accepta la treva de cent anys i Tirant entra victoriosament a Constantinoble. Com a premi, rep el títol de Cèsar de l'Imperi i la mà de Carmesina. Finalment, la parella celebra les esposalles amb unes grans festes. Malauradament, el matrimoni no es podrà celebrar.

Amb l'ajut d'Escariano, els cristians recuperen la resta de l'Imperi i alliberen Diafebus. De sobte, quan són a prop d'Adrianòpolis...

CDLXVII

Com el mal pel qual va passar d'aquesta vida va prendre a Tirant

No consento que, entre tants altres treballs, la cansada mà es pugui deslliurar de pintar en el blanc paper la desconeixença humana de la fortuna, tot i que el record dels actes gloriosos de Tirant em desvetllin un nou dolor, ja que no han pogut ésser premiats. Però ho faig a fi que sigui un exemple manifest per a les generacions futures, de manera que no confiïn que la fortuna els deixi obtenir grans delits i prosperitats a canvi de perdre el cos i l'ànima: caminen amb passos atrevits i perillosos a causa de la seva ambició folla i desordenada, de la qual cosa es podrà deduir que els homes vans i pomposos que cerquen contínuament la seva fama gastaran en va l'inútil temps de la seva vida miserable.

Doncs quan el Cèsar va haver conquistat i recobrat tot l'imperi i subjugat moltes altres províncies circumveïnes, i se'n tornava amb un gran triomf i victòria a la ciutat de Constantinoble en companyia del magnànim rei Escariano, el rei de Sicília, el rei de

Fes i molts altres reis, ducs, comtes i marquesos, i innumerable cavalleria (que anaven amb ell per participar en les grandíssimes festes que s'havien de fer per a celebrar la seva arribada i per amor del rei Escariano i, a més, per a la celebració de les bodes de Tirant), l'emperador, avisat de la seva arribada, li va fer preparar una grandíssima festa, i va fer enderrocar vint passes del mur de la ciutat perquè el virtuós príncep pogués entrar amb el carro triomfal.

Quan Tirant era a una jornada de Constantinoble, s'aturà en una ciutat que s'anomena Adrianòpolis per tal com l'emperador li havia fet dir que no entrés fins que ell no li ho digués.

I mentre el virtuós Cèsar estava en aquella ciutat amb molt gran delit, cercant diversions i plaers i passejant amb el rei Escariano i el rei de Sicília per la vora d'un riu que passava pel costat d'un dels murs de la ciutat, li va venir un mal de costat tan gran i tan poderós, que el van haver d'agafar en braços i portar-lo a la ciutat.

Quan Tirant fou al llit, hi van anar els sis metges que portava, dels més eminents del món, i quatre del rei Escariano, i li van fer moltes medicines, i no li podien donar cap remei per al dolor.

Llavors, Tirant es va adonar que es moria i va demanar confessió. Li van fer venir ràpidament el confessor que portava, que era un bon religiós de l'orde de Sant Francesc, mestre en la sacra Teologia i home de grandíssima ciència. Quan el confessor va arribar, Tirant va confessar bé i diligentment tots els seus pecats amb molta contrició, ja que el dolor extrem que passava era tant que ell es tenia per mort en veure que, per molt que fessin els metges, el dolor augmentava contínuament.

I mentre el Cèsar s'estava confessant, el rei de Fes va enviar un correu molt urgent a l'emperador que feia saber a sa Majestat que el Cèsar estava molt malament i que els seus metges no li podien donar cap remei, per la qual cosa li suplicava que tingués la mercè d'enviar-li molt urgentment els seus, tot i que temia que no hi fossin a temps.

Després d'haver-se confessat, el Cèsar es va fer portar el preciós cos de Jesucrist i, mirant-lo amb gran devoció i llàgrimes, li va resar moltes oracions, entre les quals va dir les següents paraules amb grandíssima devoció.

[Resum dels capítols CDLXVIII al CDLXIX]

Tirant resa una oració i fa testament en favor d'Hipòlit. Tot seguit demana al secretari que escrigui una carta de comiat a Carmesina.

CDLXX

BREU COMIAT ENVIAT PER TIRANT A LA SEVA PRINCESA

Com que la mort m'és tan veïna que no em puc aturar més, no em queda res més per a completar el meu viatge sinó prendre de vós, senyora de preclara virtut, el meu darrer, trist i dolorós comiat.

Així doncs, la fortuna no vol ni ha permès que jo, com a indigne i no mereixedor, hagi pogut arribar a vós, que éreu el premi dels meus treballs; i la mort no em doldria tant si hagués acabat la meva vida trista i dolorosa en els vostres braços. Però suplico a la vostra Excelsa Senyoria que no deixeu de viure, perquè, com a premi del molt amor que us he tingut, recordeu i tingueu per recomanada la meva pecadora ànima, la qual torna amb molt de dolor al seu Creador, que me l'havia encomanada.

I com que la fortuna no em permet de poder-vos parlar ni veure, vós que crec que hauríeu estat remei i salvació per a la meva vida, he decidit escriure-us breument, perquè la mort ja no em vol prorrogar més: almenys que estigueu segura de la meva passió extrema i que he arribat al final de la meva vida. No us puc dir més, que el dolor que tinc no m'ho permet. Només us suplico i us demano la gràcia que afavoriu els meus parents i servidors.

El vostre Tirant, que besant-vos peus i mans us encomana la seva ànima.

CDLXXI

Com l'emperador va enviar el duc de Macedònia i Hipòlit amb els metges, i com Tirant, que es feia portar a Constantinoble, va morir pel camí

Després que el príncep Tirant va haver fet el seu testament, va demanar al rei Escariano, al rei de Sicília i al rei de Fes que el fessin portar a la ciutat de Constantinoble abans que passés d'aquesta vida, ja que el dolor més gran que tenia era que moria sense veure la princesa; i tenia la creença i la devoció que veure-la bastaria per donar-li salut i vida.

I fou acordat per tots de portar-l'hi, atesa la molta voluntat que li veien. Els metges ho van aprovar, ja que el tenien per mort, i creien que per la molta consolació que tindria en veure la princesa, a qui ell amava en extrem, la natura podia obrar més que totes les medecines del món. Ràpidament el van posar en una llitera i el van portar a coll d'homes molt reposadament. I fou acompanyat per tots els reis i grans senyors, només amb cinc-cents homes d'armes. Tota l'altra gent es va quedar en aquella ciutat.

Quan l'emperador va rebre per correu la carta del rei de Fes, va sentir una gran agonia i preocupació. I tan en secret com va poder, va fer venir els seus metges, el duc de Macedònia i Hipòlit, i els va ensenyar la lletra del rei de Fes; i els va pregar que cavalquessin ràpidament per anar-hi. El duc de Macedònia i Hipòlit, sense dir res a ningú, van sortir del palau imperial i van fer el seu camí amb els metges, ja que l'emperador tenia por que, si la princesa se n'adonava, s'esmorteiria i es posaria en perill.

Quan el duc de Macedònia, Hipòlit i els metges eren a mitja jornada de Constantinoble, van trobar Tirant pel camí i descavalcaren, i la llitera fou posada a terra. El duc de Macedònia es va acostar a Tirant i li va dir:

—Cosí germà, senyor, com està vostra Senyoria?

Tirant va respondre:

—Cosí germà, tinc un gran plaer d'haver-vos vist abans de la meva fi, ja que sóc al darrer extrem de la meva vida, i us demano que em beseu vós i Hipòlit, perquè aquest serà el darrer comiat que prendré de vosaltres.

I el duc i Hipòlit el van besar amb moltes llàgrimes. Després Tirant els va dir que els confiava la seva ànima i la princesa, muller seva, perquè en tinguessin més cura que de la seva pròpia persona. El duc li va respondre:

—Senyor cosí germà, un cavaller tan animós com vostra Senyoria es descoratja tant? Confieu en la misericòrdia de Nostre Senyor, que ell per la seva clemència i pietat us ajudarà i us retornarà la salut ràpidament.

I, mentre deia aquestes paraules, Tirant va llançar un gran crit dient:

—Jesús, fill de David, tingues mercè de mi! Crec, afirmo, confesso, em penedeixo, confio, reclamo misericòrdia. Verge Maria, Àngel custodi, àngel Miquel, empareu-me, defenseu-me! Jesús, en les teves mans, Senyor, encomano el meu esperit.

I, dites aquestes paraules, va retre la noble ànima, restant el seu bell cos en els braços del duc de Macedònia.

Els plors i els crits de tots els que eren allà foren molt grans, que sentir-los provocava una gran compassió, perquè el príncep Tirant era estimat per tots.

Quan van haver plorat i cridat molt, el rei Escariano va cridar el rei de Sicília, el rei de Fes, el duc de Macedònia, Hipòlit i alguns altres i, a part, van tenir consell per acordar què s'havia de fer; i tots van acordar que el rei Escariano amb els altres de la companyia portessin el cos de Tirant fins a la ciutat, però que no hi entressin, ja que el rei Escariano no s'havia vist amb l'emperador, i no era temps ni lloc, amb la tribulació, de veure's. I, a més, van acordar d'embalsamar el cos de Tirant per tal de portar-lo a Bretanya.

I van partir amb el cos, des del lloc on havia mort Tirant, i van emprendre el camí de la ciutat de Constantinoble. Quan hi van arribar, ja era molt tard. Reunits al portal de la ciutat, el rei Escariano es va acomiadar del rei de Sicília, del rei de Fes, del duc de Macedònia i d'Hipòlit; i se'n va tornar amb la seva gent a la ciutat d'on havia partit, lamentant-se molt, ja que el rei Escariano estimava Tirant en extrem. Els altres van posar el cos de Tirant dins la ciutat, en una casa, on fou embalsamat pels metges.

Després d'haver-lo embalsamat, el van vestir amb un gipó de brocat i una roba d'estat[72] de brocat folrada de marts gibelins; i el van portar així a l'església major de la ciutat, això és, Santa Sofia. Aquí li van fer un cadafal molt alt i gran, tot cobert de brocat, i, sobre el cadafal, un gran llit de parament guarnit molt noblement amb teles d'or i el bell cortinatge de la mateixa tela; i aquí van posar el cos de Tirant, sobre el llit, estirat, amb l'espasa cenyida.

Quan l'emperador va saber que Tirant era mort, es va esquinçar la sobrevesta[73] imperial dolent-se d'una desventura tan gran, va baixar de la cadira imperial i, lamentant-se per la mort de Tirant, va dir les següents paraules.

CDLXXII

Lamentació que va fer l'emperador per la mort de Tirant

–Avui és el dia que es perd el nostre ceptre i del meu cap veig la triomfal corona prostrada a terra. Ens falta el braç dret del nostre cos, i el pilar en el qual el nostre estat segurament recolzava és derrocat per tu, fortuna adversa. Oh, injusta mort que, robant una vida, atorgues innumerables guiatges de vida als tristos infidels! Oh, mort enemiga, que deixant-me viure a mi, m'atorgues pena mortal i eterna! Has mort Tirant per matar l'emperador de Constantinoble; jo sóc el mort, i que visqui per sempre la glòria i la fama del coratjós Tirant. Oh, jerarquies celestials, feu un goig novell rebent entre vosaltres i col·locant el benaventurat cavaller

---

72. *roba d'estat*: vestidura bona, pròpia de gent de categoria.

73. *sobrevesta*: túnica curta que es portava sobre les altres peces de vestir i que anava adornada amb emblemes heràldics.

en el nombre dels elegits com a mereixedor de premi! I vosaltres, prínceps de les tenebres, alegreu-vos, si l'alegria us és atorgada, perquè és mort aquell per qui la santa religió cristiana augmentava tant cada dia. Que s'alegrin encara, finalment, totes les nacions enemigues, ja que Tirant, aquell vencedor i invencible a qui la ferocitat i la unió de tots els infidels no va poder guanyar, ara és superat i vençut per la mort: la seva mort us dóna causa de goig extrem. Només jo, emperador abandonat, he de celebrar les exèquies amb tanta tristesa; doncs que es perdi el sol de la nostra vista, cobrint-la d'espessa boira i núvols, perquè la clara lluna no pugui prendre part d'aquella claror, perquè el món resti tot en tenebres i sigui cobert d'una negra sobrevesta. Que els vents moguin aquesta terra ferma, i les muntanyes altes caiguin avall, i els corrents dels rius s'aturin, i les fonts clares es barregin amb l'arena, que així les beurà la terra de gent grega, i el gran mar desempari els peixos, per assenyalar el dolor que provoquen les coses dites més amunt, com trista tórtora desemparada de l'espòs Tirant. I, durant aquest temps, canteu, belles sirenes, els mals tan grans que sentiu en la terra! Canteu planyent la mort d'aquest que era considerat un fènix entre els vivents! Que udolin els animals, cessin els cants melodiosos dels ocells, i prenguin com a habitació els boscos deserts. Mori jo, i aniré als regnes de Plutó a fer d'ambaixador de tant de dolor; faré que Ovidi esmalti digníssims versos del meu Tirant. Despulleu-me de les daurades robes, i que treguin les riques porpres dels palaus, cobriu-me ràpid d'un aspre cilici.[74] Que es vesteixin tots de dol, que sonin les campanes ensems i sense ordre, que es dolgui tothom d'una pèrdua tan gran que la meva llengua no pot explicar.

L'emperador va passar la major part de la nit fent aquest plany, i, en arribar el dia, va anar a l'església per fer-li honor i gran sepultura amb les cerimònies que s'acostumen a fer als grans senyors.

La princesa, que va veure que tota la gent plorava, estava molt

---

74. *cilici*: camisa aspra o cinyell dur que es porta damunt la carn per mortificació.

sorpresa. Va demanar i va voler saber de què ploraven els del palau i totes les seves donzelles. Va pensar que no fos mort el seu pare l'emperador, i es va llevar en camisa molt de pressa; es va abocar a la finestra i va veure el duc de Macedònia, que plorava i s'arrencava els cabells del cap, i Hipòlit i molts altres, que s'esgarrapaven la cara amb les mans i es donaven cops de cap per les parets.

—Us prego per un sol Déu —va dir la princesa— que em digueu la veritat. Quina és la causa de tanta novetat i tristesa?

Va parlar la viuda de Montsant i va dir:

—Senyora, no és excusable que ho hàgiu de saber a qualsevol hora. Tirant ha passat d'aquesta vida present a l'altra, i ha pagat el seu deute amb la natura. A mitjanit l'han portat a l'església per donar-li eclesiàstica sepultura segons ell mereix. Allà hi ha l'emperador, que plora i fa un gran dol de la seva mort, de manera que ningú no el pot consolar.

La princesa es va desmaiar; ni va plorar ni va poder parlar, sinó que, sanglotant i sospirant, després d'una estona va dir:

—Doneu-me els vestits que el meu pare m'havia fet per a la solemnitat de les meves bodes, que encara no me'ls havia posat i eren de gran valor.

I els hi van portar de seguida. Quan se'ls va haver posat, la viuda de Montsant li va dir:

—Com, senyora, en la mort d'un tan admirable cavaller, mort al servei de la Majestat del senyor emperador i al vostre, us vestiu i arregleu així com si anéssiu a casament! Tots els altres van vestits de dol i de tristor, que no hi ha ningú que es pugui abstenir de plorar; i vostra Altesa, que se n'hauria de sentir i senyalar més, us vestiu de manera que no he vist fer mai ni he sentit dir que s'hagi fet.

—No us preocupeu, na viuda —va dir la princesa—, que quan serà l'hora ja em senyalaré.

Quan es va haver vestit, l'entristida senyora va davallar del palau imperial amb totes les seves dones i donzelles i amb passos ràpids d'angoixa dolorosa se'n va anar a l'església on hi havia el cos del seu Tirant.

Va pujar al gran cadafal i, quan va veure el cos de Tirant, va creure que li esclatava el cor, i la ira li va reforçar l'ànim, de manera que va pujar sobre el llit amb molta dificultat, caient-li vives llàgrimes dels ulls, es va llançar sobre el cos de Tirant, i, amb aquestes paraules, acompanyades de contínues llàgrimes, va començar la següent lamentació.

CDLXXIII

La lamentació que va fer la princesa sobre el cos de Tirant

—Oh, fortuna monstruosa, amb diverses cares variables, sense repòs, sempre movent la teva inquieta roda contra els miserables grecs, has mostrat poderosament el més alt grau de la teva força iniqua, envejosa dels coratjosos i enemiga dels dèbils! No desdenyes vèncer i et delita triomfar sobre els forts destruïts! No havia durat prou el dol i la tristor pel meu germà i el dolor que hi havia per tot l'imperi, que ara has volgut aterrar-ho tot? Ell era la sustentació de la meva vida, era la contentació de tot el poble i el repòs de la vellesa del meu pare. Aquest darrer dia amarg de la teva vida ha estat el darrer de tot el nostre imperi i de la nostra benaventurada casa. Oh, durs destins cruels i miserables, i com no heu permès que jo, amb les meves desventurades mans, hagi pogut servir aquest gloriós cavaller! Deixeu-me'l besar moltes vegades per acontentar la meva ànima adolorida!

I l'afligida senyora besava el cos fred amb tanta força que es va trencar el nas, llançant sang abundosa, que tenia els ulls i la cara plens de sang. No hi havia ningú que la veiés lamentar-se, que no llancés abundoses llàgrimes de dolor. Després va tornar a dir:

—Com que la fortuna ho ha ordenat i vol que sigui així, els meus ulls no s'alegraran mai més, sinó que vull anar a buscar l'ànima d'aquell que solia ser meu, Tirant, en els llocs benaventurats on reposa la seva ànima, si puc trobar-la. I certament et vull fer companyia en la mort, ja que en la vida, que tant t'he amat, no t'he pogut servir. Oh, vosaltres, dones i donzelles meves, no ploreu! Guardeu aquestes llàgrimes per a una fortuna més desitjada, perquè molt aviat plorareu el mal present juntament amb el que s'esdevindrà: basta que jo plori i lamenti, perquè aquests són mals meus. Ai, trista de mi! Que jo ploro i crido: on és el meu Tirant?, i el tinc mort davant dels meus ulls i ple de sang meva. Oh, Tirant! Rep alhora les besades i els plors i sospirs, i pren aquestes llàgrimes, perquè tot el que et dono m'ha restat de tu, ja que la mort és desitjada quan la persona mor sense temor. Deixa'm la camisa que et vaig donar com a consol, que després serà posada en la teva tomba i en la meva, rentada amb les meves pròpies llàgrimes i neta del rovell de les teves armes.

I un cop dites aquestes paraules, va caure esmorteïda sobre el cos. La van treure ràpidament de sobre el cos, i els metges la van fer tornar en si amb aigües cordials[75] i altres coses. I, quan va recuperar el sentit, la ja quasi morta senyora no va tardar a llançar-se sobre el cos mort i besar la boca freda de Tirant; la trista i adolorida sobre totes les altres va trencar els seus cabells i les vestidures juntament amb la pell dels pits i la cara; i estesa sobre el cos, besant la boca freda, mesclava les seves llàgrimes calentes amb les fredes de Tirant. I, volent-ne pronunciar, no podia ni sabia paraules proporcionades a tant dolor. I amb mans tremoloses obria els ulls de Tirant, els quals, besant primer amb la boca i després amb els ulls, omplia de llàgrimes abundants, que semblava que Tirant, mort i tot, plorava el dolor de la seva Carmesina viva i es dolia vivament del seu plany. I plorant sang, atès que ja havia gastat les llàgrimes d'aigua, lamentava sobre el cos aquell que ella sola perdia, aquell que havia perdut la vida per ella, i amb paraules que trencarien les pedres fogueres, els diamants i l'acer, deplorava en aquest estil planyent.

---

75. *aigües cordials*: infusió medicinal que conforta el cor.

CDLXXIV

L'ALTRA LAMENTACIÓ QUE FA LA PRINCESA SOBRE EL COS DE TIRANT

–La mancança de paraules causa que els dolors no siguin raonats segons l'extrem en què turmenten, i aquest és el mal que, entre tots, em turmenta més agudament; que si totes les parts de la meva persona, deixant la seva forma, es convertissin en llengües, no bastarien per a explicar el grau del dolor que suporta la meva ment adolorida. Perquè moltes vegades la mísera pensa, pronosticant, endevina els danys que procura l'adversa fortuna amb una tristor que turmenta el meu cor miserable; i no ignoro la causa d'aquest dolor, de la mateixa manera que tinc per cert el gran infortuni que assalta la meva vida, ja que de la part més profunda de la meva ànima expiren dolorosos sospirs, i dels meus ulls brollen fonts d'amargues llàgrimes, i el dolor travessa esquinçant el meu cor. I no et pensis, ànima meva, que jo et privi gaire temps de Tirant: permet que al teu cos i al meu doni sepultura, per tal que les dues ànimes sofreixin una glòria o una pena després de la mort, ja que havien estat unides per un amor en vida, i així els cossos morts estaran abraçats en un sepulcre, i nosaltres en la glòria, vivint junts en una mateixa glòria.

I després va dir:

–Qui serà aquell que em farà la gràcia de portar la meva ànima allà on és la de Tirant? Ai, trista de mi, que vaig néixer en planeta forta! Era un dia egipcíac,[76] el sol s'havia eclipsat, les aigües eren tèrboles i els dies, caniculars. La meva mare va sentir un gran dolor el dia del meu naixement, i va pensar que moriria de mort sobtada. I tant de bo hagués mort en aquell dia trist perquè no hauria sentit el grandíssim dolor que ara sent la meva ànima adolorida. I tu, regidor del cel sobirà, poderós rei de la cort celestial, suplico a la teva Majestat sacratíssima que tots aquells que m'impedeixin que jo ara no mori siguin defraudats.

---

76. *dia egipcíac*: fatídic, ple de mals auguris i dissort.

L'emperador, afligit per les lamentacions de la seva filla, va dir:
—Mai no tindrà fi el dol i el plor de la meva filla, perquè segons la seva manera de veure-ho això li és vida eterna. Per això, cavallers meus, preneu-la i porteu-la al meu palau, a les seves cambres, de grat o per força.

I així fou fet. I el pare atribolat anava després d'ella dient:
—Tothom, trist i miserable, sent un gran consol en veure plorar i llançar moltes llàgrimes i sentir grans crits i lamentacions; i podrem ben dir: és mort el pilar que sostenia la cavalleria! I vós, filla meva, que sou senyora de tot el que jo tinc, no tingueu aquest capteniment, perquè el vostre dolor és mort per a mi, i no vulgueu manifestar a tothom el vostre dolor, ja que moltes vegades la pena cau sobre aquell que la tracta. I si us penediu del mal que feu, heu de ser innocent de la culpa. Deixeu de plorar i mostreu a la gent la vostra cara alegre.

La princesa va respondre:
—Ai, emperador, senyor, engendrador d'aquesta filla miserable! I vostra Majestat bé es pensa que conhorta el meu dolor! Jo pensava que seria la meva consolació. Ai, trista, que no puc retenir les meves llàgrimes, que semblen aigua bullent!

El pare mesquí, quan va veure que la seva filla i les altres dones estaven fent totes gran dol i plany, no es va poder quedar a la cambra: a causa del gran dolor se'n va anar. I la princesa es va asseure sobre el llit i va dir:
—Veniu, fidels donzelles, ajudeu-me a despullar, que prou temps tindreu per a plorar. Traieu-me primer el que porto al cap, després els vestits i tot el que porto.

I va arranjar el seu cos de la manera més honesta que va poder, i va dir:
—Jo sóc la infanta que espera senyorejar tot l'Imperi grec; em veig forçada a moure tots els que són aquí a digne dolor i pietat per la mort del virtuós i benaventurat cavaller Tirant lo Blanc, que ens ha deixat atribolats, i aquest atribolament caurà tot sobre mi. Oh, el meu Tirant, pel dolor que ens causa la teva mort les nostres mans dretes colpegen els nostres pits, i esgarrapem les nos-

tres cares per fer major la nostra misèria, ja que tu eres el nostre escut i el de tot l'imperi! Oh, espasa de virtut, gran era el mal que ens era destinat! I no pensis, Tirant, que hagis caigut de la meva memòria, perquè lamentaré la teva mort tant com la vida m'acompanyarà. Estimades donzelles, ajudeu-me, doncs, a plorar el poc temps que durarà la meva vida, ja que no em puc quedar gaire amb vosaltres.

Els crits i els plors van ser tan grans, que ressonaven per tota la ciutat. Quan van veure la princesa quasi més morta que viva, van maleir la fortuna que les havia conduïdes a una agonia tan gran, i van fer venir els metges, que van dir que tenia tots els símptomes d'una dona a punt de morir, ja que havia experimentat tant dolor per la mort de Tirant, que llançava sang viva per la boca.

En saber que la seva filla estava tan malament, l'emperadriu va entrar a la cambra. Quan la va veure en aquell estat, es va alterar tant que no podia parlar, i després d'una breu estona, quan hagué recobrat el sentit, va dir aquestes paraules:

—Mitigant els atacs treballosos de les eleccions desesperades i les contrarietats molt greus, el coratge femení procura infondre gràcia en el meu esperit turmentat; de manera que les meves justes afliccions, pel seu caràcter piadós, han de causar en el teu noble coratge una animosa compassió i ocasionar, vençuda per la meva justa petició i acompanyant les meves llàgrimes doloroses i els aspres sospirs, que tinguis mercè de tu i de mi.[77] Oh, filla meva! És aquest el goig i l'alegria que jo esperava tenir de tu? Són aquestes les núpcies que amb tanta consolació el teu pare i jo i tot el poble esperàvem de tu? Són aquests els dies assignats per a cele-

---

77. Aquest mateix parlament (amb poquíssimes variacions) ja el feia la comtessa de Varoic en el capítol III de la novel·la. És de difícil comprensió i, encara més, de difícil translació al català actual (Coromines s'hi refereix com a «horribles paràgrafs»). Wittlin, que comenta el fragment i el compara amb les traduccions que se n'han fet, defensa que el parlament és una interpolació que no encaixa ni gramaticalment ni temàticament amb la resta del discurs i conclou que el fragment és manllevat d'alguna lectura de Martorell. Segons Pujol, els manlleus són de Sèneca i Roís de Corella.

brar núpcies imperials? Són aquests els tàlems en què acostumen a posar les donzelles el dia benaventurat de les seves bodes? Són aquests els cants que s'acostumen a cantar en tals festes? Digueu, filla meva, són aquestes aquelles alegres consolacions i benediccions que pare i mare donen a la seva filla en aquell dia del seu repòs? Ai, trista mísera, que en mi no hi ha altre bé sinó dol, afany i amargor, i trist comport, i arreu on em giro no veig sinó mals i dolors! Veig el pobre emperador que està estirat a terra; veig les dones i donzelles, totes escabellades, amb les cares plenes de sang, amb els pits descoberts i nafrats que van cridant pel palau manifestant a tot el món el seu dolor; i veig els cavallers i grans senyors: tots estan de dol, tots es lamenten, es torcen les mans, s'arrenquen els cabells del cap. Quin dia tan amarg i ple de tristor! Veig tots els ordes dels frares que vénen amb veus doloroses, i no hi ha ningú que pugui cantar. Digueu-me, quina festa és aquesta, que tots la guarden? Gairebé ningú no pot parlar sinó amb cara de dolor. Ai, és ben trista la mare que pareix tal filla! Us prego, filla meva, que us alegreu, que poseu remei a aquest dolor i us captingueu, i donareu consol al vostre pare vell i adolorit i a la trista i desventurada mare vostra, que us ha criat amb tanta delicadesa.

I no va poder parlar més: tant era el dolor que la constrenyia.

[Resum dels capítols CDLXXV al CDLXXVIII]

El dolor de Carmesina és tan gran que, preveient la seva mort, es confessa i fa testament en favor de la seva mare. L'emperador no pot superar la pèrdua de Tirant ni l'agonia de la seva filla i mor. La seva filla el seguirà al cap de poc.

CDLXXIX

EL DOL I EL PLANY QUE ES VA FER DESPRÉS DE LA MORT DE LA PRINCESA

Es va complir el darrer terme de la destrucció final de tot el llinatge de la casa imperial de Grècia, que després de suportar amb fatiga tantes misèries, dels treballs passats haurien obtingut un benaventurat repòs si la fortuna ho hagués permès; per la qual cosa ningú no ha de tenir confiança en les prosperitats mundanes perquè deixen d'existir en el millor moment.

I quan la princesa va morir, es va apagar tota la llum imperial. Els plors i els crits van ser tan grans en tot el palau, que ressonaven en tota la ciutat. I el primer dolor per Tirant i l'emperador fou renovellat i doblat.

La trista emperadriu es va desmaiar de tal manera que els metges no la podien fer tornar en si; i Hipòlit es donava cops al cap i a la cara pensant que era morta. A la fi, li van fer tantes coses que, al cap d'una hora, va tornar en si amb gran dificultat; i Hipòlit era al seu costat contínuament, molt adolorit, fregant-li els polsos i llançant-li aigua de roses per la cara. Quan va recobrar la consciència, la van agafar en braços, la van portar a la seva cambra i la van estirar sobre un llit de repòs.

I Hipòlit era sempre al seu costat conhortant-la, dient-li moltes paraules de consolació i besant-la moltes vegades per donar-li consol i per fer-li recordar els seus amors, ja que sempre els havien mantingut. I l'emperadriu l'estimava més que a la seva filla i a si mateixa per la gran bondat i gentilesa que havia trobat en Hipòlit, el qual sempre havia obeït tot el que ella li havia manat.

I no us penseu que Hipòlit sentís un gran dolor; perquè, de seguida que Tirant va morir, va calcular que ell seria emperador, i encara més després de la mort de l'emperador i la seva filla, atès que confiava que el gran amor que l'emperadriu sentia per ell, deixant a part tota vergonya, faria que el prengués per marit i per fill; perquè és cosa habitual de les velles que vulguin els seus fills per marits, per tal d'esmenar les faltes de joventut i fer-ne penitència.

Després que l'emperadriu va haver parlat una mica amb Hipòlit i els seus dolors es van remeiar una mica amb les besades, va dir-li aquestes paraules:

—Fill meu i senyor, us prego que com a senyor vulgueu manar i donar ordre que es facin les exèquies de l'emperador, de la meva filla i de Tirant, perquè després es pugui complir el vostre desig i el meu.

Quan va sentir aquestes paraules tan plenes d'amor, li besà la mà i la boca i va dir que faria tot el que la seva Majestat li manava.

Hipòlit va anar a la cambra de la princesa, on jeien els tres cossos morts, i va manar, de part de l'emperadriu, que portessin de seguida Tirant al seu cadafal a l'església. I va ser fet ràpidament.

Després va manar als cirurgians que embalsamessin el cos de l'emperador i de la princesa. I Hipòlit féu fer un altre cadafal molt més bell i més alt que el de Tirant a l'església de Santa Sofia, amb un bell llit encortinat i tot guarnit de teles d'or molt singulars, tal com el senyor mereixia; i va fer portar el cos de l'emperador al seu cadafal. I va fer posar la princesa al llit de Tirant, al seu costat, a la part dreta.

I féu fer crida per tota la ciutat que tots aquells que volguessin portar dol per l'emperador, la princesa o Tirant, que anessin a certa casa de la ciutat que ell havia indicat, que els donarien roba de dol, tant a homes com a dones. I al cap d'un dia, tots els del palau i de la ciutat i tots els estrangers es van vestir de dol. I encara més, el virtuós Hipòlit va proveir que vinguessin tots els eclesiàstics de dues jornades entorn de Constantinoble, tant frares com capellans i monges, per fer les exèquies dels difunts; i se n'hi van trobar mil dos-cents.

Van determinar que la sepultura es fes el quinzè dia després de la mort de l'emperador. I van fer dir a tots els barons de Grècia, tant aquells que estaven amb la gent d'armes com els altres que estaven a les seves heretats, que fossin presents a les exèquies del seu senyor l'emperador.

Més endavant, va enviar una ambaixada al rei Escariano, de part de l'emperadriu i seva, que li plagués de venir a honorar la sepultura de l'emperador, la seva filla i el seu estimat amic i germà Tirant; ja que, com que no els havia pogut fer honor a les bodes, en pogués fer a la sepultura. I el rei Escariano li va dir que així ho faria, ja que plaïa a Nostre Senyor; però que ell hauria volgut entrar a la ciutat de Constantinoble amb una altra alegria. I de seguida va ordenar la seva gent d'armes i va manar als capitans que no marxessin d'allà, que ell tornaria aviat. Va partir amb cent cavallers i va fer la via de Constantinoble.

CDLXXX

Com els parents de Tirant es van reunir i van tenir consell per decidir quin d'ells farien emperador

En aquest espai de temps que la gent s'aplegava, Hipòlit va fer reunir en una cambra el rei de Sicília, el rei de Fes, el duc de Macedònia, el marquès de Liçana, el vescomte de Branches i alguns altres parents seus. I els va dir les paraules següents:

–Senyors i germans meus: les vostres senyories no ignoren el gran dany que ens ha vingut per la mort del nostre pare i senyor Tirant, ja que ell s'esperava que seria emperador i hauria exalçat i dotat bé tota la nostra parentela; però ara hem perdut aquesta esperança i, per això, és necessari que, amb temps, acordem què hem de fer. Perquè les vostres senyories poden pensar que tot l'imperi queda en poder i senyoria de l'emperadriu. Si bé la seva edat és avançada, algun gran senyor es casarà amb ella de bona voluntat i això li servirà per a ésser emperador. I, després de la mort d'ella, esdevindrà senyor i, per ventura, tractarà malament els estrangers, que som nosaltres, els que hem heretat. Per això sóc del parer que seria bo fer emperador un de nosaltres i que tots l'ajudéssim, i ell recompensaria molt bé tots els altres. Per la qual cosa us suplico que cadascú digui el seu parer.

I va acabar el seu parlament. Després va parlar el rei de Sicília i va dir que ell creia que era bona cosa que un d'ells fos elegit emperador; que triessin ells quin seria més apte.

Va parlar el rei de Fes, perquè era el més gran de la parentela, i va dir aquestes paraules:

—Senyors i germans meus: crec que és un bon consell que un de la nostra família sigui elegit emperador. Però, segons el meu parer, hem de seguir l'ordre del testament de Tirant i, després, el de la princesa; i amb aquests testaments veurem qui de tots serà més apte.

I tots van trobar correcte el que havia dit el rei de Fes. I van fer venir el secretari de Tirant i el de l'emperador, i es van fer llegir els testaments. Quan foren llegits, va fer sortir els secretaris fora de la cambra, i va parlar el duc de Macedònia de la forma següent:

—Senyors i germans meus: segons veig, la nostra elecció és molt clara i indiscutible, ja que veig que el nostre bon parent i senyor deixa Hipòlit, que és aquí present, com a hereu seu de tots els drets que ha guanyat de l'Imperi grec i tots els que li han estat atorgats per l'emperador i de la successió de l'imperi. I més endavant veig que la princesa fa hereva de tot l'imperi la seva mare. Per la qual cosa jo no veig que s'hi pugui fer més que, atesa l'amistat antiga que tots sabem que Hipòlit té amb l'emperadriu, la prengui com a muller i el fem emperador, i així farem justícia. I ell, per la seva bondat i virtut, conservarà l'heretatge de cadascú, perquè és de la nostra sang.

Després va parlar el marquès de Liçana, que era almirall, i va dir:

—Senyor, jo tinc per bo el consell del duc de Macedònia i el lloo, perquè tots tenim muller i, d'altra part, pel testament de Tirant.

I tots els altres ho van lloar i van acordar que Hipòlit fos elegit emperador i marit de l'emperadriu. Quan Hipòlit va veure la gran gentilesa dels seus parents, els va agrair infinitament el gran amor que li demostraven, i va fer vots a Déu i a Nostra Senyora, mare seva, que si Déu li feia el favor de fer-lo emperador, ell els remuneraria de tal manera que quedarien tots contents. I van deliberar que, després que es fessin les exèquies als difunts, l'elevessin a emperador i celebrarien el matrimoni d'ell amb l'emperadriu.

[Resum dels capítols CDXXXI al CDLXXXVII]

Com deia Tirant, «La fortuna és contrària als que estimen bé»: Hipòlit es casa amb l'emperadriu i és proclamat emperador de l'imperi. D'acord amb la seva darrera voluntat, els cossos de Tirant i Carmesina són traslladats a Bretanya, on els fan un enterrament fastuós.

Quan l'emperadriu mori al cap de tres anys, Hipòlit es casarà amb una filla del rei d'Anglaterra, jove i bonica, i tindrà descendència.

PROPOSTES DE TREBALL

S'han elaborat tres tipus de propostes de treball.

La primera proposta consisteix en un treball en grup mitjançant el qual l'alumnat pot desplegar la seva creativitat. Es tracta d'un treball d'ampliació i d'investigació. El producte final engloba la competència escrita, la competència oral formal i, segons la proposta creativa, l'ús de les noves tecnologies. Sovint, però, caldrà disposar d'una classe amb PDI o canó de projecció i ordinador a l'hora de fer les exposicions orals. Si el temps ho permet, és molt rendible enregistrar les exposicions orals i fer-ne una crítica constructiva a classe. S'hi inclou l'apartat d'avaluació perquè cada docent valori si li és útil o no.

El segon bloc de propostes està reservat al treball per capítols. Algunes preguntes estan pensades perquè també serveixin de font de recollida d'informació per al treball en grup.

La tercera proposta està orientada a aconseguir que l'alumnat comenti textos de manera crítica i fluida. Hi ha tres propostes de comentari i el guiatge va disminuint progressivament.

Proposta 1: Treball en grup sobre algun dels aspectes característics de la novel·la

El treball s'ha de proposar abans de començar la lectura de la novel·la per tal de facilitar la feina de recollida de dades per part dels grups.

És recomanable que no es repeteixin temes en una mateixa classe.

Objectiu	Procediments	Avaluació
Elaboració d'un treball escrit sobre un dels temes de la llista.	-Recollir informació. -Consultar fonts diverses. -Anotar fragments de la novel·la que puguin servir d'exemple de les afirmacions o dels punts que tracti el treball. -Seleccionar i organitzar les informacions per tal d'elaborar un escrit coherent. -Revisar i corregir l'escrit. -Presentació correcta.	40% de la nota final. La nota és col·lectiva. Descompte per faltes: –0,1 punts
Presentació oral.	-Durada: 10-15 minuts. -Tots els components del grup han de parlar més o menys el mateix temps. -La presentació s'ha de fer sense apunts. A tot estirar, es pot tenir un petit esquema. -Es valorarà la presentació amena, la correcció ortològica i el domini del llenguatge no verbal. -Opcionalment, es pot enregistrar l'exposició per fer-ne una valoració més acurada.	30% de la nota final. La nota és individual.
Suport visual per a l'exposició oral.	Es tracta de la part més creativa del projecte. Pot consistir en qualsevol suport que el grup cregui adient al tema: powerpoint, construcció d'una maqueta, reproducció d'un arnès de cavaller, enregistrament i representació de fragments de l'obra, elaboració d'un joc, còmic, mapes, web…	30% de la nota final. La nota és col·lectiva.

PROPOSTES DE TREBALL

Nombre de persones per grup: 3 o 4
Llista de temes: – Ruta turística «Tirant»: com era Constantinoble? – La vida en un palau (o en un castell). – Els diversos tipus d'amor en *Tirant lo Blanc*. – Tirant: l'amor i els seus efectes. – L'ofici de cavaller. – El món de les donzelles. – El paper de la dona en *Tirant lo Blanc*. – Anàlisi dels personatges. – El punt de vista. – El tractament de l'amor i l'erotisme. – El petó en la novel·la: tipus, classificació i significat. – Anàlisi dels *exemplum* (narracions breus de contingut didàctic) de la novel·la: significat i ús.

Pautes per a l'exposició oral

Fer una exposició oral vol dir desenvolupar de forma clara, convincent i interessant les idees sobre un tema determinat, davant d'un públic, amb la finalitat d'informar-lo o de convèncer-lo.		
Preparació	– Repartir el text en blocs temàtics, segons els components del grup. – Fer un esquema, si cal, que contingui els punts bàsics de l'exposició. – Assajar l'exposició.	
Realització	Comunicació paralingüística	– To de veu afectiu. Cal evitar els tons aguts. – Volum adequat a la quantitat de públic. – Ritme fluid. – Entonació: el canvi d'entonació remarca un aspecte del discurs. – Dicció: vocalització i pronunciació correctes.
	Expressió corporal	És recomanable:

		– Contacte visual sostingut, però no continu. – Mirada de poder quan calgui seriositat o autoritat. – Estat d'ànim positiu: somriure. – Mans amb el palmell cap amunt i dits tancats. – Mans als malucs. – Cames i braços sense encreuar. – Cames paral·leles si s'està dret. – Col·locació de les mans per sota del nivell de la barbeta.

Pauta d'avaluació per a l'exposició oral

Puntuació de cada aspecte: 1/ 0,75/ 0,5/ 0,25

Nom de l'alumne/a				
Exposició de les idees				
To				
Ritme				
Dicció				
Entonació				
Volum				
Contacte visual				
Control de la gestualitat				
Capteniment				
Posició corporal				

Proposta 2: Treball per capítols

Capítols CXVII-CXVIII

1. Divideix el text en parts i descriu-ne el contingut breument. Raona aquesta divisió. Es pot establir alguna relació entre aquestes parts?
2. Quan Tirant entra a la cambra, tot és a les fosques. Com aconsegueix que l'emperador li doni permís per il·luminar l'habitació?
3. L'episodi s'inicia amb un ritual: Tirant dóna el condol a l'emperadriu per la mort del seu fill. Descriu breument en què consisteix aquest ritual.
4. En aquest capítol hi ha una antítesi. Identifica-la i digues quina funció té amb relació al capítol CXVIII.
5. Explica breument quin efecte té en el nostre protagonista la visió de Carmesina. Relaciona la teva explicació amb els tòpics trobadorescos que hi apareixen.
6. Busca informació sobre les històries d'amor que van protagonitzar les parelles que estan pintades a les parets de la cambra a la qual entren. Què tenen en comú totes elles? Per quina raó l'autor en parla justament quan s'inicia l'amor entre Tirant i Carmesina?
7. En aquest capítol podem trobar una altra anticipació sobre el futur d'aquest amor. Localitza-la.
8. Quina reacció provoca en Tirant la visió de Carmesina?
9. Saps què és un calambur? En el capítol CXVIII n'apareix un. Localitza'l.
10. A partir del que es diu al final d'aquest mateix capítol, explica com era Tirant abans d'arribar a Constantinoble.

Capítols CXIX-CXX-CXXI

1. El capítol CXIX es pot dividir en quatre parts. Explica breument la primera part i relaciona-la amb el capítol anterior. Què aconsella Diafebus a Tirant? El nostre heroi segueix els seus consells?

2. Què passa en la segona part del capítol? Busca què feien els reis d'armes, els heralds i els porsavants. Amb quina finalitat s'expliquen les gestes de Tirant a Anglaterra i Rodes?

3. La tercera part s'inicia amb un proverbi. Identifica'l. En quin món ens introdueix i quin paper hi té Diafebus.

4. Aquesta tercera part coincideix amb un canvi d'escenari. Com és descrit?

5. Busca informació breu sobre Galeàs (o Galahad), Perceval i Bors. Qui eren, quina empresa els uneix i quina relació tenen amb el «siti perillós»? Per què s'al·ludeix a la matèria de Bretanya?

6. Diafebus compleix la paraula que ha donat a Tirant. Què diu a Carmesina? Un cop les donzelles es queden soles, apareixen dos personatges femenins que esdevindran clau en el desenvolupament de la novel·la. Digues qui són i fes-ne una descripció breu, particularment del seu caràcter. Segons els indicis, en quin dels dos té més confiança Carmesina?

7. Quin mot marca l'inici de la quarta part?

8. En aquesta part s'estableix un diàleg entre Tirant i Carmesina, però també entre els seus vestits. Reconstrueix-los.

9. Caracteritza el capteniment de Diafebus com a mitjancer en els amors entre Tirant i Carmesina a partir de les seves paraules i dels seus actes.

10. Al final del capítol es troba el tòpic literari de la *descriptio puellae*. Busca en què consisteix i analitza si Martorell segueix la fórmula descriptiva.

11. De què es lamenta Tirant quan arriba a la posada? Amb quina frase ho expressa? Per què creus que Diafebus aconsella a Tirant que sigui discret i que ningú no s'adoni que està enamorat de Carmesina?

12. Al final del capítol CXXI, què aconsella Tirant a l'emperador?

Capítols CXXVI-CXXVII

1. S'ha produït algun canvi en Tirant? Quin?
2. Quan Tirant és interrogat per la princesa sobre l'origen del seu mal, ell li respon que, si arriba a les orelles de l'emperador, li causarà la mort. Consideres que aquesta afirmació té una base real o només és una exageració? Raona la teva resposta.
3. Com es declara Tirant?
4. El sistema de valors medieval és molt diferent del nostre. Per exemple, durant l'edat mitjana no són igualitaris: l'univers és masculí i les dones tenen un rol molt determinat. Amb tot, Martorell en fa un tractament més modern i ens deixa entrar a les habitacions de les dones i veure com interactuen.
5. Observa la reacció de la Viuda Reposada i d'Estefania. Anticipa una hipòtesi sobre el paper que representarà cadascuna en la relació entre Tirant i Carmesina.
6. Analitza els arguments que, segons la Viuda Reposada, s'oposen a l'amor entre Tirant i Carmesina.
7. A partir dels arguments d'Estefania, caracteritza el personatge amb relació a la vida amorosa.

Capítols CXLVI-CXLVII

1. En fer de mitjancer entre Tirant i Carmesina, Diafebus coneix Estefania i se n'enamora. Quina diferència hi ha entre la seva declaració d'amor i la de Tirant?
2. Com reacciona Estefania davant d'aquesta declaració?
3. En aquest moment, arriben Carmesina i Plaerdemavida i s'enceta una discussió entre la princesa i Diafebus. Què vol fer Diafebus i què en pensa Carmesina? Per què creus que Carmesina s'hi oposa? Quin partit pren Plaerdemavida? Com es comença a perfilar aquest darrer personatge a partir del que ha anat dient fins ara? Enumera els arguments de cada part.
4. Com acaba la discussió?
5. Què promet Estefania a Diafebus en l'albarà que li dóna?

Capítol CLXII

1. En la primera part d'aquest capítol assistim a una cerimònia: indica de quina cerimònia estem parlant i descriu-la breument.
2. Durant el sopar, Estefania, Diafebus i Tirant acorden una trobada secreta, que és observada des de l'exterior per un altre personatge. Qui és aquest personatge i per què els espia?
3. Qui narra l'acció? Al principi, diríeu que és un narrador discret i pudorós? Per què?
4. Com es pot interpretar l'afirmació del narrador: «Qui va poder dormir aquella nit, uns per amor, altres per dolor?»
5. Quan es fa de dia, Plaerdemavida va a la cambra de la princesa. En quin estat troba Estefania i amb quines paraules ens descriu aquest estat?
6. Plaerdemavida enceta un diàleg graciós i ple d'eufemismes. Fes-ne una llista i explica'n el significat sense caure en la barroeria.
7. Amb quina petició acaba la intervenció de Plaerdemavida?

Capítol CLXIII

1. Divideix el text en parts i explica breument el contingut de cada una.
2. Qui narra la primera part? Per què creus que Martorell ha triat aquesta narradora? Caracteritza-la.
3. Plaerdemavida somia o veu realment l'escena? Per què menteix?
4. Quin tractament es fa de la temàtica eròtica? Et sembla un tret de modernitat?
5. A l'habitació es produeixen dues escenes simultànies entre dues parelles. Defineix la manera de viure l'amor de l'una i de l'altra. Reflexiona sobre la sexualitat de Plaerdemavida.
6. Estefania sembla que s'avé a les propostes de Diafebus. Com s'expliquen els crits i les lamentacions de la noia un cop consumades les bodes sordes?
7. Comenta els eufemismes que apareixen en el text i la seva funció.

8. Quines repercussions té l'episodi nocturn en l'estat físic de Tirant? Comenta l'excusa que s'inventa en caure del cavall.

Capítol CLXXXIX

1. Llegeix l'apartat «Raons de la fascinació per la temàtica cavalleresca» de la introducció. Identifica quin espectacle cavalleresc apareix en aquest capítol i descriu-lo breument: participants, públic, durada, etc. Et sembla que la descripció que en fa l'autor és versemblant? Actualment, hi ha espectacles que s'hi puguin comparar?
2. Enmig del capítol, el narrador enceta una narració retrospectiva. Quina és i per què la inclou en aquest capítol? Quan Plaerdemavida troba Tirant a la porta de la cambra de Carmesina, com l'anomena? Creus que l'adjectiu és fonamentat?
3. Per què Tirant s'enfada amb el seu cavall?
4. Normalment, el cavaller vencedor es quedava els arnesos i el cavall del cavaller vençut. Per quina raó creus que Tirant actua de la manera com ho fa?
5. Què promet la princesa a Tirant camí de Pera? Per què Tirant li besa la cama?

Capítols CCXIV-CCXV

1. Com ha d'actuar Tirant segons el parer de Plaerdemavida?
2. Què li promet Plaerdemavida i què li demana a canvi?
3. Com es poden interpretar les paraules de Plaerdemavida quan defineix Hipòlit com un «bon tirador, que no apunta a les cames, sinó al cap»?
4. D'altra banda, comencen les intrigues de la Viuda Reposada. Quina és la primera estratègia que intenta per tal d'impedir els amors entre Tirant i Carmesina?

Capítol CCXX

1. Descriu l'escena que es desenvolupa la nit de noces de Diafebus i Estefania.
2. Explica l'actuació de Plaerdemavida i com ha anat evolucionant el personatge.
3. Com interpretes la resposta que Plaerdemavida dóna a Estefania quan aquesta li demana que tregui els gats d'allà?
4. Les paraules de Plaerdemavida, quina reacció provoquen en l'emperador?
5. Com reacciona Plaerdemavida davant d'aquesta declaració?
6. I l'emperadriu?

Capítols CCXXVIII-CCXXIX-CCXXX

1. Amb quin raonament la duquessa de Macedònia intenta convèncer Carmesina que no faci cas de la Viuda Reposada? Ho aconsegueix?
2. Quina és la proposta de Plaerdemavida? Amb quins arguments renya Tirant per la seva poca empenta?
3. Què diu Plaerdemavida a l'emperador per tal d'afavorir Tirant? Quin recurs utilitza?
4. L'emperador, com es pren les paraules de Plaerdemavida?

Capítols CCXXXI-CCXXXII-CCXXXIII

1. El tema central d'aquests capítols és molt representatiu de la novel·la: l'erotisme. Martí de Riquer afirma que la novel·la mai no cau en la pornografia gràcies a l'humor. Quins recursos fa servir Martorell a l'hora de parlar de sexualitat? Posa'n exemples extrets del text.
2. Quina actitud tenen davant l'amor i la sexualitat els personatges següents: Plaerdemavida, Tirant, Carmesina i la Viuda Reposada. Posa'n exemples.

Capítols CCXLVIII-CCXLIX-CCLX-CCLXI-CCLXII-CCLXIII

1. Aquests capítols reprenen temes que ja s'havien insinuat anteriorment (alguns diverses vegades): les relacions emperador-emperadriu i l'actitud d'Hipòlit pel que fa a l'amor. Descriu-los breument. Quina expressió corrobora que Hipòlit inicia aquesta relació amb un interès material?

2. Segons ens explicava Estefania en el capítol CXXVII, hi ha tres maneres diferents d'enamorar una dama: amb les gestes cavalleresques (amor virtuós), mitjançant la generositat del cavaller (amor profitós) o mitjançant el plaer (amor viciós). Quina creus que aplica Hipòlit i per què?

3. Caracteritza psicològicament l'emperadriu i Hipòlit. Tingues en compte no només els esdeveniments d'aquests capítols, sinó les seves actuacions en altres capítols de la novel·la.

4. Comenta el somni de l'emperadriu i la seva funció.

5. Aquests capítols són plens de frases i expressions amb doble sentit. Busca-les i, sense perdre el sentit del decòrum, comenta'n el significat real.

6. Com es pot interpretar la comparació de la vinya: qui seria l'home afamat, qui seria el cavaller i què seria la vinya? Per què el cavaller expulsa finalment l'home?

7. Després dels quinze dies, quina recompensa rep Hipòlit?

Capítols CCLXIV-CCLXV-CCLXVI-CCLXVII-CCLXVIII-CCLXIX

1. En aquests capítols, la Viuda Reposada decideix sembrar la zitzània. Enumera les mentides que inventa i digues amb quina intenció ho fa.

2. Tirant creu les paraules de la Viuda Reposada? Què decideix fer la Viuda?

Capítols CCLXXI-CCLXXII-CCLXXIII-CCLXXIV-CCLXXX-CCLXXXI

1. Aquests capítols es desenvolupen paral·lelament al pla que ordeix la Viuda Reposada. Què fa Carmesina?
2. Com reacciona Tirant? Canvia la percepció que teníem del capità?
3. En el capítol CCLXXX tornem a trobar Tirant i Carmesina sols en una cambra. Descriu breument les actuacions de Tirant, Carmesina i Plaerdemavida.

Capítols CCLXXXIII-CCLXXXIV

1. Què mou la Viuda Reposada a actuar de la manera com ho fa?
2. Quin greuge comet Carmesina des del punt de vista de Tirant?
3. Quines conseqüències tindrà l'actuació de la Viuda?

Capítols CDXXXIV-CDXXXV-CDXXXVI-CDXXXVII

1. Amb quina excusa torna Tirant a Constantinoble?
2. Quan Tirant es troba a soles amb Carmesina, quina actitud té? Per què?
3. Identifica els tipus de narrador i el punt de vista del capítol CDXXXVI i justifica'n la tria.
4. Formula el tema d'aquest capítol.
5. Amb què és comparada la unió sexual dels dos amants? Quins recursos ens ho indiquen?
6. Enumera les fases de la possessió de la donzella.
7. Quins altres recursos es fan servir per narrar l'escena?

Capítol CDLXVII-CDLXX-CDLXXI

1. El capítol comença amb un advertiment del narrador. Explica'n breument el sentit.

2. A l'edat mitjana, quina malaltia era el «mal de costat»? Busca-ho al *Diccionari català-valencià-balear*: http://dcvb.iecat.net/.

3. Tirant morirà com un bon cristià. Enumera tot el que fa abans de morir.

4. Diries, en canvi, que mor com voldria morir un cavaller?

5. Aquesta mort es correspon amb les expectatives que teníem els lectors sobre el possible final?

Capítols CDLXXII-CDLXXIII-CDLXXIV

1. Com s'ha d'interpretar l'afirmació amb què l'emperador comença el seu discurs fúnebre: «Avui és el dia que es perd el nostre ceptre i del meu cap veig la triomfal corona prostrada a terra. Ens falta el braç dret del nostre cos, i el pilar en el qual el nostre estat segurament recolzava és derrocat per tu, fortuna adversa»?

2. Al llarg d'aquests capítols se succeeixen les mostres de dolor per la mort de Tirant. Com es dedueix que es vetllaven els difunts? Quina impressió fan totes les escenes que protagonitzen l'emperador i la princesa?

3. Descriu breument els efectes que té la mort de Tirant sobre l'emperador i Carmesina.

Capítols CDLXXIX-CDLXXX

1. Aquest capítol concreta l'anticipació que ens havia fet l'emperador en el seu discurs fúnebre per la mort de Tirant (comentat en la primera pregunta de l'apartat anterior). Explica amb paraules teves per quina raó han mort, segons el narrador, aquests tres personatges moralment bons.

2. Com afecta la mort d'aquests tres personatges a l'emperadriu i a Hipòlit?

3. Quina estratègia utilitza Hipòlit per tal d'esdevenir emperador?

4. Per quina raó creus que l'autor va acabar la novel·la amb aquest segon final tan sorprenent?

5. Per acabar, comenta el que opina Cervantes (per boca del capellà que revisa la biblioteca de Don Quijote) sobre la *Historia del famoso caballero Tirantes el Blanco*: «Dígoos verdad, señor compadre, que, por su estilo, es éste el mejor libro del mundo: aquí comen los caballeros y *duermen y mueren en sus camas, y hacen testamento* antes de su muerte, con otras cosas de que todos los demás libros de este género carecen» (capítol VI, pàgina 50).

Proposta 3: Comentaris de text

CXVIII: Com Tirant va ser ferit al cor amb una fletxa que li tirà la deessa Venus perquè mirava la filla de l'Emperador

1. Llegeix atentament el text i busca el significat dels mots que no sàpigues prou bé o que et siguin nous.
2. Situa en quina part de les aventures de Tirant té lloc aquest episodi.
3. Aquest capítol marca un punt d'inflexió en la construcció del protagonista. Quines novetats creus que introdueix en la història i quina importància tenen?

Redacta provisionalment el punt 1 del comentari

4. Formula el tema general del capítol.
5. Divideix el text en parts i descriu-les breument. Raona aquesta divisió. Hi ha alguna relació argumental entre aquestes parts?
6. Analitza els tòpics trobadorescos que apareixen en la primera part. Creus que Martorell fa un tractament particular d'algun d'aquests tòpics? Relaciona les teves argumentacions amb algun altre capítol de la novel·la en què apareix el mateix tema. Destaca'n les diferències.
7. Hi ha indicis que ens permetin avançar el desenllaç final dels amors entre Tirant i Carmesina?

8. Quina reacció provoca en Tirant la visió de Carmesina? Caracteritza el Tirant actual i compara'l amb el que arriba a Constantinoble.

Redacta provisionalment el punt 2 del comentari

9. Qui ens narra l'acció?
10. Lingüísticament, aquest capítol concentra expressions amb doble significat i metàfores. Fes-ne un recull i explica-les.

Redacta provisionalment el punt 3 del comentari

11. Judica la intencionalitat del text. Què vol dir l'autor, per què i amb quin objectiu?
12. Quins mitjans usa per aconseguir aquesta finalitat?
13. Quins valors es desprenen del text? Quina visió de la realitat ens ofereix l'autor? De quina manera han canviat aquests valors i aquesta visió de la realitat? N'hi ha que perduren?

Redacta provisionalment el punt 4 del comentari

14. Un cop s'ha recollit tota la informació, cal redactar definitivament el comentari: ordenar les idees, organitzar-les, redactar i revisar l'escrit. Cal tenir en compte que, com que es tracta d'un text acadèmic, el registre lingüístic ha de ser estàndard o culte. La revisió és el darrer pas en el procés d'elaboració del comentari, però té una importància capital, ja que ens obliga a rellegir el nostre propi text amb ulls crítics.
15. Per acabar, aquest model només pretén ser una guia: a l'hora de redactar un comentari no hi ha receptes, perquè es poden adoptar enfocaments diversos. D'altra banda, no tots els textos ofereixen la mateixa riquesa ni el mateix grau d'interès.
16. En qualsevol cas, el comentari hauria d'incloure:

1. Introducció:
– Dades bàsiques de l'autor i la seva obra.
– Situació del capítol en el context de l'obra.

2. Significat del text:
– Tema.
– Divisió en parts segons el significat.
– Anàlisi de cadascuna de les parts.
– Explicació àmplia sobrè què vol dir-nos l'autor.

3. Anàlisi formal:
– Tipus de narrador: finalitat.
– Anàlisi del registre lingüístic.
– Recursos literaris: quins utilitza i relació amb el significat. Què volen dir cada un.

4. Conclusió:
– Valoració crítica i personal.

CLXIII: El somni que va tenir Plaerdemavida

1. Situa en quina part de les aventures de Tirant té lloc aquest episodi.
2. Divideix el text en parts i explica breument el contingut de cada una.
3. Qui narra la primera part? Per què creus que Martorell ha triat aquesta narradora? Caracteritza-la.
4. Plaerdemavida somia o veu realment l'escena? Per què menteix?
5. Quin tractament es fa de la temàtica eròtica? Et sembla un tret de modernitat?
6. A l'habitació hi ha dues parelles. Defineix la manera de viure l'amor de l'una i de l'altra. Reflexiona sobre la manera de viure la sexualitat de Plaerdemavida.
7. Estefania sembla que s'avé a les propostes de Diafebus. Com

s'expliquen els crits i les lamentacions de la noia un cop consumades les bodes sordes?

8. Comenta els eufemismes que apareixen en el text i la seva funció.

9. Quines repercussions té l'episodi nocturn en l'estat físic de Tirant. Comenta l'excusa que s'inventa en caure del cavall.

DCXXXVI: COM TIRANT VA VÈNCER LA BATALLA I, PER FORÇA D'ARMES, VA ENTRAR AL CASTELL

Has de fer un comentari sense preguntes que et guiïn. Aquí tens algunes pistes:

a) El títol del capítol ajuda a esbrinar el tema.

b) Les metàfores i els eufemismes hi tenen un paper fonamental: caldrà unes grans dosis d'elegància per comentar-ne el significat.

c) Els signes de puntuació són un recurs retòric important. Val la pena llegir el text en veu alta i amb l'entonació correcta.

d) Hi ha una gran distància entre les paraules i els fets.

e) Tot i que hi ha dos personatges, només n'hi ha un que parla.

ÍNDEX

Introducció	7
1. L'autor i el seu context	7
2. La novel·la cavalleresca	10
2.1. Els orígens	10
2.2. *Tirant lo Blanc*, una novel·la cavalleresca	13
3. Els components de *Tirant lo Blanc*	14
3.1. Novel·la cavalleresca	15
3.2. Novel·la militar i històrica	16
3.3. Novel·la de costums	16
3.4. Novel·la amorosa i eròtica	17
3.5. Novel·la psicològica	19
4. Llengua i estil	21
5. Estructura de la novel·la	22
6. Criteris que s'han seguit per elaborar aquesta versió	24
Bibliografia i webgrafia	27
Tirant lo Blanc	31
Resum breu de la novel·la fins a l'arribada de Tirant a Constantinoble	33
CXVII. Com Tirant va arribar a Constantinoble i les explicacions que li va fer l'emperador	34
CXVIII. Com Tirant va ser ferit al cor amb una fletxa que li tirà la deessa Venus perquè mirava la filla de l'emperador	36
CXIX. Raons de conhort que Diafebus fa a Tirant perquè el veu empresonat amb el llaç de l'amor	39

ÍNDEX

CXX. Lamentació d'amor que fa Tirant — 49
CXXI. Raonaments que Diafebus fa a Tirant, consolant-lo dels seus amors — 50
Resum dels capítols CXXII al CXXV — 54
CXXVI. Com Tirant va satisfer les preguntes de l'emperador — 54
CXXVII. Com la princesa va conjurar a Tirant que li digués qui era la senyora que ell tant estimava — 56
Resum dels capítols CXXVII al CXLVI — 61
CXLVI. La sentència que va dictar l'emperador contra els cavallers, ducs i comtes que havien estat fets presoners — 62
CXLVII. L'albarà que va escriure Estefania de Macedònia a Diafebus — 69
Resum dels capítols CXLVIII al CLXI — 70
CLXII. La resposta que va donar la princesa a Tirant — 71
CLXIII. El somni que va tenir Plaerdemavida — 76
Resum dels capítols CLXIII (fragment restant) al CLXXXVIII — 81
CLXXXIX. Les grans festes que l'emperador va fer per amor dels ambaixadors del soldà — 82
Resum dels capítols CXC al CCXIV — 96
CCXIV. Parla Plaerdemavida — 97
CCXV. El consell reprovable que la Viuda Reposada va donar a la princesa contra Tirant — 99
Resum dels capítols CCXVI al CCXIX — 101
CCXX. La resposta que l'emperador va donar a Tirant — 101
Resum dels capítols CCXXI al CCXXVII — 104
CCXXVIII. Raonament que fa la duquessa de Macedònia a la princesa — 105
CCXXIX. Com Plaerdemavida va donar força a l'ànim de Tirant — 108
CCXXX. Les raons que es van donar entre Tirant i la princesa, i Plaerdemavida — 112
CCXXXI. Com Plaerdemavida va posar Tirant al llit de la princesa — 114
CCXXXII. Reprensió que fa Plaerdemavida a Tirant — 118

ÍNDEX

CCXXXIII. Rèplica que Tirant fa a Plaerdemavida	119
Resum dels capítols CCXXXIV al CCXLVII	124
CCXLVIII. El principi dels amors d'Hipòlit i de l'emperadriu	125
CCXLIX. Com l'emperadriu va demanar a Hipòlit qui li feia aquell mal	126
Resum dels capítols CCL al CCLIX	127
CCLX. La resposta que l'emperadriu va fer a Hipòlit	128
CCLXI. Com Hipòlit mostra de paraula la satisfacció que té de la seva senyora	131
CCLXII. Rèplica que fa l'emperadriu a Hipòlit	132
CCLXIII. La comparació de la vinya que fa Hipòlit a l'emperadriu	141
CCLXIV. Com l'emperadriu va ordenar la vida d'Hipòlit	144
CCLXV. Raonament que fa Tirant a la Viuda Reposada	147
CCLXVI. Resposta que fa la Viuda a Tirant	148
CCLXVII. Resposta que va fer Tirant a la Viuda Reposada quan el va requerir d'amors	150
CCLXVIII. La Viuda replica al parlament de Tirant	151
CCLXIX. Replica Tirant a la Viuda, ignorant la seva maldat	
Resum del capítol CCLXX	153
CCLXXI. Resposta que la princesa dóna a Tirant	158
CCLXXII. Com Tirant va fer jurar a la princesa que compliria el matrimoni	158
CCLXXIII. Rèplica que fa la princesa a Tirant	160
CCLXXIV. Rèplica que fa Tirant a la princesa	161
Resum dels capítols CCLXXV al CCLXXIX	162
CCLXXX. Rèplica que fa Tirant a la seva princesa	163
CCLXXXI. Lamentació que fa la princesa estant en els braços de Tirant	164
Resum del capítol CCLXXXII	166
CCLXXXIII. Ficció que va fer la reprovada Viuda a Tirant	166
CCLXXXIV. Conhort que fa la Viuda Reposada a Tirant	171
Resum dels capítols CCLXXXV al CDXXIII	172

ÍNDEX

CDXXXIV. Com Tirant va anar a Constantinoble per parlar amb l'emperador — 173
CDXXXV. Les gràcies d'amor que Tirant fa a la reina — 176
CDXXXVI. Com Tirant va vèncer la batalla i, per força d'armes, va entrar al castell — 178
CDXXXVII. La reprensió d'amor que fa la princesa a Tirant — 179
Resum dels capítols CDXXXVIII al CDLXVII — 180
CDLXVII. Com el mal pel qual va passar d'aquesta vida va prendre a Tirant — 180
Resum dels capítols CDLXVIII al CDLXIX — 182
CDLXX. Breu comiat enviat per Tirant a la seva princesa — 182
CDLXXI. Com l'emperador va enviar el duc de Macedònia i Hipòlit amb els metges, i com Tirant, que es feia portar a Constantinoble, va morir pel camí — 183
CDLXXII. Lamentació que va fer l'emperador per la mort de Tirant — 185
CDLXXIII. La lamentació que va fer la princesa sobre el cos de Tirant — 188
CDLXXIV. L'altra lamentació que fa la princesa sobre el cos de Tirant — 190
Resum dels capítols CDLXXV al CDLXXVIII — 193
CDLXXIX. El dol i el plany que es va fer després de la mort de la princesa — 194
CDLXXX. Com els parents de Tirant es van reunir i van tenir consell per decidir quin d'ells farien emperador — 196
Resum dels capítols CDXXXI al CDLXXXVII — 198

Propostes de treball — 199